なにわ男子

～なにわのキズナ～

御陵 誠

太陽出版

プロローグ

『僕らってホンマにエエ時期にデビューさせてもらったな～って、最近つくづく感じることがあったんです』

テレビ朝日系『まだアプデしてないの？』制作ディレクター氏は、2月中旬のある日、大西流星から
そんな言葉を投げかけられたと明かす。

「ABC（大阪朝日放送）で放送されている『これ余談なんですけど…』の収録を済ませた流星くんが、『僕も単独で〝ナイトinナイト〟に呼んでもらえるようになりました！』――と満面の笑みだったんです。そんな流星くんを取り囲みながら、大橋くんと藤原くんも『なにわ男子もついに単独で〝ナイトinナイト〟まで来たで』――と煽るんです。最初は僕も、さっぱり意味不明でした」

ディレクター氏の言う『これ余談なんですけど…』（テレビ朝日系列・全国11局ネット）とは、かまいたちがMCを務める関西で人気のトークバラエティだ。

「毎回、3組のゲストが登場。電車の（週刊誌）中吊り広告のような見出しからテーマを選び、そのテーマに沿った〝余談〟をトークする番組です。2022年11月にABCの〝ナイトinナイト〟枠でスタートし、かまいたちも『ついに俺らもこの枠を任せてもらえるほど売れたんやな』と感無量になったほどで、関西の芸人やタレントにとっては何よりも特別な帯（月曜日〜金曜日）の深夜番組です」（人気放送作家）

関西地方以外にお住まいの方はピンと来ないかもしれないが、ABCテレビの〝ナイトinナイト〟枠は、関西ではいわゆる〝大御所〟に近い大人気芸人しかレギュラーを持てないといわれるほど、関西のテレビ界で多大なる影響を誇る番組帯だ。

「〝ナイトinナイト〟枠の歴史は古く、ルーツは1986年まで遡ります。スタート当初から桂文枝（桂三枝）、やしきたかじん、月亭八方ら関西のスターがMCを務めていましたが、2000年代から若返りを図り、キー局のテレビ朝日がネオバラエティ枠で数多くの人気番組を送り出しても、ABCは午後11時から午前0時すぎまでの枠は〝ナイトinナイト〟を守り続け、全国区で活躍する吉本芸人たちでさえも『〝ナイトinナイト〟は関西芸人憧れの枠』と愛してやまないのです」（同人気放送作家）

たとえ東京進出を果たした売れっ子芸人、タレントでも、収録が行われるABCのスタジオに駆けつけることが長らく通例だったが、かまいたちの『これ余談なんですけど…』はナイトinナイト枠初めての東京収録となり、その分これまでなかなか東京から呼べなかったタレントの出演も可能になった。

現在、このナイトinナイト枠でレギュラーを務めるのは――

月曜日『なるみ・岡村の過ぎるTV』（MC なるみ　岡村隆史）
火曜日『相席食堂』（MC 千鳥）
水曜日『これ余談なんですけど…』（MC かまいたち）
木曜日『やすとものいたって真剣です』（MC　海原やすよ ともこ）
金曜日『探偵！ナイトスクープ』（MC　松本人志）

――で、同じラインナップを東京のキー局が実現させようと図っても無駄足に終わるだろう。

『なにわ男子もテレビ朝日さんで『まだアプデしてないの?』をやらせてもらってるから、その縁で「いつか〝ナイトinナイト〟で冠番組ができたら幸せやな~」って、これはメンバー7人全員の夢。

だって俺ら関西ジャニーズの出身者は、100パー〝ナイトinナイト〟枠を見て育ってるからね。

東京やとそれが何にあたるのか、全然想像がつかへんぐらいの人気番組。

変な話、関ジャニ∞がどんだけ売れても〝ナイトinナイト〟枠はもらえへん。

だって関ジャニ∞の∞はカンテレの〝8チャン〟やん、

そらカンテレが名付け親のグループは6チャン(ABCテレビ)は無理。

なにわ男子には、まだまだ可能性が残されてるから(笑)』〈大西流星〉

その大西流星が出演した『これ余談なんですけど…』では、VTRゲストで出演した関西ジャニーズJr.から「クラムチャウダーを作る人」の持ちネタを披露するムチャぶりも。

『あれはキツかったけど、
スタジオのかまいたちさん、ゲストの水田さん（信二・和牛）は、
それこそ中学生の頃から一緒に仕事したこともある関西の大先輩やから、
ビビらんとスベることができた。
俺がどんだけスベっても濱家さんや山内さん、
水田さんがフォローしてくださる安心感があったからね。
もう一人のゲスト、ナダルさん（コロコロチキチキペッパーズ）は、
大阪の吉本出身やのに〝はじめまして〟やったけど』〈大西流星〉

そんな大西流星には、着実になにわ男子の仕事が広がっている実感があるという。

『WBCの話題に少し埋もれてたけど、
ウチの丈くんは今年もオリックスバファローズの始球式に呼ばれてる。
それも京セラドーム大阪で開幕する〝本拠地開幕6連戦〟の初日(4月4日)で、
岡田圭右さん(ますだおかだ)や俳優の中尾明慶さん、
芸人のチキチキジョニーさんたちが〝特別始球式〟の括りやのに、
丈くんだけがホンマもんの〝始球式〟の括りなんですよ!
これって丈くんこそがオリックスバファローズにとって〝一番大切〟ってことでしょ?
デビュー3年目、今年は本格的な〝なにわ年〟にしたいね。
2年後には大阪・関西万博も控えてるしね!』〈大西流星〉

個人での仕事もますます充実するなにわ男子のメンバー。
数多くの夢が叶うように、これからもメンバーを支えていこう――。

目次

1st Chapter

西畑大吾

Daigo Nishihata

ホラー映画はもうお腹いっぱい!?

『あんま公には言ったことがないねんけど、ホラー映画の主演はずっとやってみたかったんです。ホラー映画って人間のすべての感情を表現せなアカンでしょ?

ラブコメには〝恐怖〟の芝居ってまあ必要ないけど、ホラー映画では物語の〝芯〟にあるもの。

〝どれだけホンマもんの恐怖を演じられるか〟――それって役者をやっていきたい自分にとっては、一つの〝乗り越えなきゃいけない〟壁みたいなもん。

実際には性格ビビりやから大変でしたけど(苦笑)』〈西畑大吾〉

6月16日に公開されるホラー映画『忌怪島/きかいじま』。

皆さんの中にも2020年公開の『犬鳴村』、2021年公開の『樹海村』、2022年公開の『牛首村』と、3年連続で公開された一連の『恐怖の村』シリーズをご覧になった方もいらっしゃるだろう。本作はその『恐怖の村』シリーズを生み出した東映と清水崇監督が手掛ける最新作だ。

西畑大吾が主演するこの『忌怪島/きかいじま』は、〝島〟という閉鎖的な空間を舞台に、まるで観客一人一人が登場人物になったと錯覚させるような、そんなVRの世界観をストーリーに織り込んだ作品にもなっている。西畑が演じる非科学的なことを信じない天才脳科学者・片岡友彦が、閉ざされた南の島で次から次へと降りかかる不可解な死とその謎を解き明かそうと奔走するストーリー。

『もう〝非科学的なことを信じない天才脳科学者〟って設定からして、壮大な前フリになっていると思わへん(笑)?
そんなドライな友彦が不可解な連続死を目の当たりにして、どんな風に自らの考えを変えていくのか。そのあたり、変わっていく友彦の細かい表情の変化にも注目してもらいたい』

父の死をきっかけに島を訪れ、友彦とともに不可解な連続死の真相を追う園田環役に山本美月、友彦と同じVR研究チーム〝シンセカイ〟のメンバー・深澤未央役に元乃木坂46の生駒里奈。友彦たちと島で関わりを持っていく住人・金城リン役に當真あみ。〝シンセカイ〟の最年長メンバー・山本春樹役に平岡祐太らがキャスティングされている。

『清水監督に〝西畑！〟とか〝大吾！〟って呼ばれるときはいいんですけど、
たまに〝友彦！〟って役名で呼ばれることがあった。

そのときはホンマに、素で〝自分のことや〟って気づかずに、

（キャストの）みんなで雑談しとったんです。

後で監督に聞いたら、シンセカイのメンバーと雑談してるのに、

〝片岡友彦〟じゃなく〝なにわ男子の西畑大吾〟の顔をしとったから……らしいです。

自分ではまったく意識してへんかったけど、
現場に入ったときはアイドルの西畑大吾じゃなく、
役者の西畑大吾が演じている〝片岡友彦〟のままでいて欲しい――と。

正直、その差がどこにあんのか？　それとも最初からないのか？……俺にはわからんかった。

せやけど一《いち》役者として現場に入っている以上、監督が求める芝居や立ち振舞いには応えなアカン。

それがプロやから』

――撮影当時を振り返って語る西畑大吾。

『ずっとホラー映画の主演をやってみたかったからこそ、オファーをいただいたときはめちゃくちゃ嬉しくて驚きましたし、「ビビりで怖がりの一面をどう隠そう?」「演技じゃなくて本気で怖がっている姿を〝どうやって芝居に見せよう〟」――とか、考えること多かったです。

芝居をする前に全身全霊で友彦にアプローチして、非科学的なことをまったく信じない役柄にどう成りきるか?――とか』

その苦労の甲斐あって、清水崇監督にからは〝お褒めの言葉〟をいただいたそうだ。

『「本気で怖がっているのか芝居で怖がっているのか、区別がつかないほどよかった」

――と言ってくださいました。

正直、ちょっと複雑ではありましたが、

「今度はもっと怖い作品で主演をやってくれ」と言われたときは、

「アカンアカン、もう限界です！ ホラー映画やってみたかったけど、一本でお腹いっぱいです‼」

――とお断りしました。

こんなとき、関西弁はギャグっぽく聞こえるから得ですよね。

監督も大笑いしながら「わかったわかった」言うてくれはりました』

それでもまた清水崇監督からオファーが来たらどうするんだろう？

まさか〝ホラー映画の巨匠〟でもある清水監督に――

『ホラー映画はやめて、僕のためにラブコメ撮ってください』

――なんて言ったりして（笑）。

西畑大吾からファンへの〝力強い決意〟

『バリバラ』はNHK大阪放送局が制作し、NHK Eテレで放送されている情報バラエティ番組。
ただし普通の情報バラエティ番組ではなく、正式には『バリバラ みんなのためのバリアフリー・バラエティー』というタイトルからもおわかりの通り、障害者やセクシャル・マイノリティなど、生きづらさを感じるすべてのマイノリティをテーマにした情報バラエティ番組。
「世間的な知名度はさほど高くはありませんが、番組そのものはなんと2012年4月クールから丸11年も放送されている長寿番組です。さらに特徴的なのはゲストの人選で、この3月、西畑大吾くんが出演した10日、17日の『#ふつうアップデート スゴい研究SP』でも、西畑くんの他にはお笑い芸人の笑い飯、タレント・アーティストのあのちゃんが出演。しっかりと今のテレビ界、バラエティ界の〝トレンド〟を押さえたブッキングになっていました」（人気放送作家）
この『バリバラ』には、関西ジャニーズJr.時代にも出演経験がある西畑大吾。

『久しぶりに『バリバラ』に出演して、いい意味で変わってなくてすごくリラックスできました。特に大阪のNHKスタジオには『バリバラ』だけじゃなく昔からお世話になりまくりなので、渋谷のNHKさん（NHK東京放送局）よりも〝ホーム感〟が強くて安心感がすごかった。まあ、俺が勝手に〝ホーム〟認定してるだけですけどね（笑）』〈西畑大吾〉

さて今回、2週に渡って西畑大吾が出演した『スゴい研究SP』では、障害のある人の困りごとから生まれた研究、開発に関するクイズが出題され、それを西畑、笑い飯、あのが答える番組構成だった。

『スゴい研究SP』の1回目では、「AIスーツケースに搭載された、目の見えない人をサポートする機能とは?」や「イグ・ノーベル賞を受賞したワサビの刺激臭発射装置が開発された目的とは?」などのクイズが出題され、解答者たちは〝障害のある人にどこまで関係するのか〟頭を悩ませていた。

さらに翌週オンエアの『スゴい研究SP』2回目では、支援機器の開発者と障害のある人が交流するイベント会場に番組リポーターが潜入。「車いすユーザー自身が開発した〝スゴい車いす〟に搭載した機能とは?」「指先が振動する手袋型デバイス、どんな人に向けて開発された?」などのクイズが会場から出題されていた。

『ただ単にVTRを見て〝へえ〜っ〟とか納得するんじゃなく、
クイズ形式だったからこそ、自分が思っていた解答と正解が違ったとき、
〝そういう視点があるんやな〜〟って、すごい学びになりましたね。
『SP』の2回目では、支援機器を体験した障害当事者の方の声を通して、
世の中の普通が障害当事者の皆さんには全然普通じゃないことも学べたし、
車いすを使っているのに2人のお子さんを育てるママさんの〝モーニングルーティン〟とか、
普段は目にする機会がないじゃないですか？
それは俺だけじゃなく笑い飯のお二人、あのちゃんも、
すごい〝考えさせられた〟〝知れてよかった〟とお話しされていましたね』

ところでこの5月には元V6・三宅健がジャニーズ事務所を退所するが、今テレビ関係者の間では
「三宅健が退所することで空く〝手話〟枠に誰が座るか」が注目されているという。

「あまり積極的に話題にすることでもありませんが、昨年(2022年)の10月クール、Snow Manの目黒蓮くんが出演したドラマ『silent』(フジテレビ系)がブームになったことで、劇中で手話を使っていた目黒くん、風間俊介くん、さらには関ジャニ∞の安田章大くん、NEWSの小山慶一郎くんなど、手話を使えるメンバーがテレビ界で注目を集めていて、それが"NEXT三宅健"的なポジション争いだと見られているのです」(前出人気放送作家)

ろう者のファンがきっかけで手話を勉強し始めた三宅健は、この3月いっぱいで降板した『NHKみんなの手話』へは、2014年4月クールから丸9年も出演していた。

「西畑くんの先輩、関ジャニ∞の安田章大くんも2010年から手話を始め、手話検定3級も取得しています。手話検定でいえばNEWSの小山慶一郎くんも3級の資格保持者。それぞれ所属グループの楽曲の振付に手話を取り入れたり、コンサートでのファンとのコミュニケーションツールとして手話を用いています。そういった身近な先輩の影響を、西畑くんのみならず、なにわ男子メンバーも受けているのではないでしょうか」(同前)

なにわ男子もTikTok動画の振りで手話を取り入れている。

『俺らは安田くんやNEWSの小山くんみたいに、
検定を取れるほどちゃんと勉強してるわけやないんやけどね。
でも1種類でも2種類でも「いつも応援ありがとう」や、
ファンの皆さんに「大好き」の気持ちを伝える手話ができれば、
「これからの多様化時代、なにわ男子も対応していけるんちゃうかな?」――って、
メンバー同士で話し合ったりもしてるんです。
それと俺たちなにわ男子は、応援してくださるファンの皆さんを決して置いてきぼりにはしたくない。
せやから手話はもちろんのこと、いろんなコミュニケーションの方法を探りたい。
あらゆるジャンルにアンテナを張って歩んでいくつもりです』

そう語った西畑大吾の力強い言葉。
やはりなにわ男子は〝信じられる〟アイドルグループではないか!

俺は〝ジーコ派〟なのに……!?

ここで改めて強調するまでもなく、2019年1月に関西ジャニーズJr.から東京のジャニーズJr.に移籍、同時にSnow Man入りをした向井康二。

94年組の向井と96年組（1997年早生まれ）の西畑では年齢も2才上、入所に至っては5年も早い〝先輩〟だが、関西ジャニーズJr.のコンサートでは〝シンメ〟だったことも多く、Little Gangs、Shadow WEST、Kin Kanといった Jr.ユニットに参加していた向井に言わせると――

『（Kin Kanで一緒だった）平野紫耀と（なにわ皇子時代の）西畑大吾は俺が育てた』

――に等しいそうだ（笑）。

『紫耀くんは知らんけど、俺は確かに〝ほんの少しだけ〟ジーコ軍団のとこはあるかな？
バラエティのロケ技術とかひな壇からの目立ち方とか、
テレビに慣れてへんときは康二くんがお手本やったから。
それと康二くんがSnow Manに入ったおかげで、
関西ジャニーズJr.から（バラエティ）番組に呼ばれる回数、俺とか増えたしね。
ほんで番組に行って吉本の芸人さんと共演すると、
みんな「ジーコおらんくなったのは寂しいな」――言うてはりましたし、
康二くんの存在感はデカかったと思います。
ただ2～3ヶ月すると、誰も康二くんの名前、出さなくなりましたけどね。
すぐ忘れられたみたい（笑）』

これもまた〝今さら系〟の話になってしまうのだが、西畑大吾に限らずなにわ男子のメンバーは『みんな〝東京仕事〟のときは康二くんに会いたがっていた』そうだ。

『関西ジャニーズJr.の子らが東京に仕事で呼ばれると、
どこからともなくジャニーズWESTの中間淳太くんや桐山照史くんが現れて、
「お前ら、メシ連れてったるわ」って引率してくださるんですよ。
でもなにわ男子でも丈くんぐらいしか中間くんや桐山くんとJr.時代にガッツリと絡んでなくて、
俺や流星以下は、入所したときには関西ジャニーズJr.のトップに君臨する大先輩。
もちろん同じステージに立ったことはあるけど、先輩すぎて緊張しかせえへん』

関西ジャニーズJr.時代は中間や桐山に食事に誘われても、緊張したままで食事の味さえもほとんど覚えていなかったと振り返る西畑大吾。

その点、ともに関西ジャニーズJr.の中心メンバーとして活動した向井康二には『めちゃめちゃ食事に誘って欲しかった』そうだ。

『よくドラマとか映画でもあるじゃないですか、
お互いに苦労した時代を振り返りながら思い出に浸る食卓……とか（笑）。
ああいうの、康二くんと東京でやってみたいんですよ。
それやのに康二くん、俺や流星が連絡するとめっちゃ他人行儀で、全然誘ってもくれない。
一時期、Ｓｎｏｗ Ｍａｎさんとなにわ男子が、
同じ局でニアミスするみたいなスケジュールが結構あったんですけど、
俺と流星がＳｎｏｗ Ｍａｎのスタジオ入りを待ち伏せていても、
いっつも「あれ？ 大ちゃん、どうしたの～」とか、東京弁でスカしはるんです（苦笑）。
流星は「東京に染まりすぎや！ 大阪魂、忘れとる」――なんてツッコんでましたけど、
俺はもう寂しくてツッコむ気力もあらへん』

これは明らかに向井康二側に問題あり？
すると向井からこんな反論が……。

『違うんですよ！
俺はいまだに〝Snow Manに溶け込みたい〟って必死なだけなんです。
「それとこれにどんな関係があるんだ？」と言われたら弁解の余地もないかもしれないけど、
東京で大吾や流星と素で盛り上がる余裕がないんです。
もうちょっとSnow Manのメンバーとして溶け込めたら、
すぐに大吾に連絡してこれまでの事情を説明しますから。
だからもう少し、俺を泳がせておいて欲しいんです』

Snow Manに所属して丸4年、CDデビューして丸3年も経つというのに、まだそんなことを言っているの？

さてさて、その言い訳を西畑大吾が受け入れるかどうか、楽しみに待ちたいところ。

一日も早く、西畑大吾と向井康二が〝お互いに苦労した時代を振り返りながら思い出に浸る食卓〟を囲めるように祈ってるよ！

〝年下メンバーをもっと売ってやりたい〟西畑大吾のプロデューサー目線

『去年ぐらいからやっと、ライブや舞台をお客さんに楽しんでもらえるようになったじゃないですか？
もしもあと半年とか1年とかコロナ禍が続いていたら、
俺なんか「ベッドの上に根を張ってたんちゃうかな？」……ぐらい、
どっこも行かんインドア派。
せやけどそれには、自分なりの理由があるんです』〈西畑大吾〉

関西のテレビ局、ラジオ局で活躍する人気放送作家氏は、なにわ男子結成以前から「西畑くんとは気が合って、いろいろな相談を受けている関係」だと明かす。

「今はなにわ男子のセンターとして知られる西畑くんですが、それ以前から関西ジャニーズJr.のセンターとしてもこちら(関西)のマスコミには知られていました。特に街ロケでは活き活きとロケをしながらも、カメラが回っていないところでは(ロケの)取材対象者に対しても気を遣えるメンバーなので、西畑くん指名でロケのオファーを(ジャニーズ事務所に)出す制作者が多かったですね」

そう話す人気放送作家氏が感心したのは、西畑の街に対する嗅覚の鋭さだった。

「なにわ男子がデビューする前で、まだコロナ禍に襲われる前だから5~6年前のことだったと思います。ある日、天王寺(大阪市内の地名)でロケをした帰り、どこかで食事をしようという話になったのですが、そこで西畑くんが『**裏なんば行きましょう**』──と言い出したんですよ」

〝裏なんば〟とは正式な地名ではないが、東京でいえば〝裏原〟や〝裏渋〟と同じような使い方で、要するに〝なんばの中心地から少しズレているが、最先端のファッションや飲食店が集まるエリア〟のことだ。ただし裏なんばの場合、ファッションエリアとしては〝アメリカ村〟という50年以上前から〝なんば至近のおしゃれエリア〟が栄えているので、主に飲食店が集まるエリアを指すらしい。現在ではとうに市民権を得ていて、立ち飲み形式の店から高級寿司店まで集まる人気エリア。

しかし西畑の口からその言葉が飛び出した当時は、仲のいい放送作家氏でさえ「胡散臭いエリアちゃうん?」と眉をひそめたそうだ。

「ところが行ってみると、そこには〝裏なんばブレイク寸前〟の匂いを嗅ぎとった20～30代のお洒落なお客さんで溢れていた。その光景に西畑くんはニヤリと笑いながら『**次はこの辺が流行りますよ**』――なんて言ってましたね」

そんな西畑に「裏なんばでメシでもどう?」と、久しぶりに連絡を入れた人気放送作家氏。

『**俺、仕事以外は外に出えへん生活やったから、髪ボサボサですよ**』

――と文句を言いながらも、西畑は、

『**ちょっと聞いてもらいたい話もあるんで**』

――と、合流するお店に現れたという。

「吉本の芸人さんが贔屓にしているお寿司屋さんで、小さい店なのでタレントさんが行くと貸し切りにしてくれるんです。今をときめくなにわ男子のセンターですからね。騒ぎになったら申し訳ない」(同前)

そこで西畑は放送作家氏に――

『いっつも丈くんやはっすん（大橋和也）と話しているんですけど、年下組4人を今年はもっとブレイクさせたいんです。

何かアイデアありません？』

――と、真顔で相談を持ちかけたそうだ。

「丈くんはともかく（苦笑）、西畑くんも大橋くんもまだまだ〝後進に道を譲る〟には早すぎる。それで〝自分がもっとブレイクする道を選べ〟と言ったのですが、去年（2022年）のツアーでステージに立つ年下メンバーの姿を見て、『これ以上、自分たちが教えることはない。次はこの子らにもっと大きな結果を残させたい』――と感じたそうなんです」（同前）

昨年の7月から11月まで、全国9会場・39公演を行った『なにわ男子 Debut Tour 2022 1st Love』。

1stアルバム『1st Love』を引っ提げた、なにわ男子にとってはCDデビュー後初の全国ツアーで、演出を担当したのは西畑大吾。

『今もなにわ男子には大倉（忠義）くんっていうプロデューサーがついてくれてるけど、「デビューしたんやから自分でやってみィや！」――って背中を押してくれはったんです。これまで俺とかみっちーが〝ドラマ班〟みたいな言われ方で演技の仕事をやらせてもらってきて、それはそれで西畑大吾個人としては大好きで大切な仕事なんですけど、自分が演出したツアーを完走したときの〝喜び〟はまったくの別物やった。やっぱりなにわ男子として、アイドルとしての本業はライブなんですよ！』

そう語る西畑は――

『アイドルは哲学みたいなもので、人によって解釈は変わる。そんな中で俺は、ファンの皆さんの前で歌って踊るのがアイドルだと思ってるし、その姿を一番楽しんでもらえるのがライブ』

――と強調したそうだ。

「それを去年のツアーで再認識したというのですから、ある意味、去年のツアーに参加してくれたファンの皆さんのおかげ。西畑くんは『まず自分たちメンバーが楽しんで、その姿を見ていただいたファンの皆さんも楽しめる。そんな幸せでポジティブな気持ちになれるライブを作っていきたい』――と話してました」(同前)

そしてそのステージ上で、年下メンバーたちを『もっともっと売ってやりたい』と感じたそうだ。

『もしかしたら4人のほうから〝大きなお世話〟と言われるかもしれへんけど、ライブ中に4人の顔とか見てたら、「もっと売れたら、もっと笑顔が輝くんちゃうかな？」――って感じたんですよ』

そう話す西畑は、滝沢秀明氏、松本潤、横山裕、大倉忠義らの先輩たちと同じように〝プロデューサー目線〟でメンバーを見ることができるのだろう。

しかしだからといって、西畑自身が後ろに下がる必要はない。

西畑大吾には、いつまでもキラキラと輝く〝なにわ男子のセンター〟でいて欲しい――。

西畑大吾 フレーズ

『上に伸びて花を咲かせるのが無理なら、下に根を張って実力をつける。それがジャニーズJr.時代の座右の銘』

関西ジャニーズJr.時代はその先頭を走りながらも、そう簡単にはCDデビューの話が回ってこなかった西畑大吾。そんなときのモチベーションの持続法がこれだ。

『〝行い〟ってめっちゃ人生に反映されると思うんです。
だって〝ええコト〟をすれば、自分にも〝ええコト〟が返ってくるから』

善行はやがて自分に返ってくる。ここまで来るとアイドル云々
ではなく〝人〟としての立派な人生訓。

『煮詰まったときは景色を変えてみる。
どっか行ったことのない土地までドライブするとか、
いつもと逆方向の電車に乗ってみるとか。
軽い現実逃避かも（笑）』

気分転換には軽い現実逃避が最適？ 逆にいえば西畑大吾が現実逃避をするときは、何かネガティブな局面に陥っているときかも？

『最近、「アイドルの使命って何やろ?」とよく考えるんやけど、「やっぱりアイドルの使命は応援してくださる皆さんを悲しませない、夢を壊さないこと」——って結論に達した』

さすが、誰よりもファンが求めることを理解している西畑大吾。悲しみはそう簡単には消えないし、また壊れた夢もそう簡単には修復することができないことを知っているからだ。今日も西畑大吾となにわ男子は〝アイドルの使命〟を果たすために、ファンへ夢を届けてくれている——。

2nd Chapter

大西流星

Ryusei Onishi

大西流星が追求する〝アイドルの付加価値〟

『今の世の中、5年後にはほとんどの仕事、AＩに支配されて人の手とかいらなくなるんちゃう?
AＩにもできへん、ホンマもんの唯一無二の仕事ができる人しか残らんやろ。
俺はアイドルもそのうち（生き残る）の一つやと思うけど、
ただのアイドルだけやったらアカン。
俺も5年後の2028年には27才になるし、
いつまでも〝あざとカワイイりゅちぇ〟クンだけでは通用せえへんよ』〈大西流星〉

何やら真顔で語る大西流星の様子を話してくれたのは、テレビ朝日系『まだアプデしてないの?』ディレクター氏だ。

「大西くんは『これからのアイドルにはもっともっと付加価値が必要になる』と語り、『Ｓｎｏｗ Ｍａｎの阿部くんが気象予報士、Ｔｒａｖｉｓ Ｊａｐａｎの如恵留くんが宅建資格。身近な先輩でいえばジャニーズＷＥＳＴの照史くんが一級小型船舶、関ジャニ∞の安田くんが二級小型船舶の免許を持ってる。でもジャニーズで資格を持ってはる先輩たち、こんなこと言うたら怒られるかもしれへんけど、１００パー（％）仕事に活かされてるかっていうたら、そこまでじゃないよね』――なんて、いつもの毒舌でチクリとやってましたね」（ディレクター氏）

世間に最も知られているのは、Ｓｎｏｗ Ｍａｎ・阿部亮平の気象予報士資格だろう。

『要するにほぼ間違いなく5年後、10年後に活かせる資格をチョイスするセンスが必要になって、今〝これしかない！〟と思える資格でも、来年には「違うな」になってたらアカンのよ。

小型船舶免許は10人以上の先輩が持ってはるけど、

それは釣りとかスキューバとか、趣味に必要やから持ってはるわけ。

俺が先々〝絶対に必要や！〟って思うのは、間違いなく商業用の〝ドローン〟を飛ばせる資格よ』

――自信マンマンに語る大西流星。

もうおわかりだろう。道枝駿佑が『まだアプデしてないの?』(テレビ朝日系)の中で挑戦したドローンの国家資格は、もとをただせば大西流星と番組スタッフが『ドローンの国家資格チャレンジとか面白いかも』と、スタジオ前室で交わした雑談がきっかけだったのだ。

「普通は〝だったら大西くんがチャレンジしなよ〟になるんですけど、大西くんは『**俺は仕掛人とかフィクサーがええねん。ロケVTRの進行はやるけど、挑戦するのはみっちーとか謙杜とか、若い子のほうがエエ。10代の視聴者さんも感情移入しやすい**』――と言ってパスしたんです。……というか大西くんと道枝くんって、1才しか変わらないのに(苦笑)」(同ディレクター)

こうして大西は番組冒頭から道枝駿佑の楽屋に『みっちー! お疲れさん、みっちー!!』などとテンション高めで乱入し、新企画の『道枝駿佑 ドローン国家資格を取る!』をサプライズで告げる役を担ったのだ。

「さすがの道枝くんも、大西くんから『試験の本番は3週間後です』と聞かされたときは苦笑いでしたけど、禁断の口説き文句〝ジャニーズ初〟の称号には飛びついてくれました(笑)。サプライズロケは簡単な流れの打ち合わせしかしていないので、基本的には大西くんのアドリブ進行でした」(同前)

しかし本当のサプライズは、大西流星も国家資格取得試験の会場に同行し、道枝よりも上手く操縦する姿を見せつけることだったらしい。

「それも大西くんの発案だったのですが、思った以上に飲みこみが遅く、『右よし！ 左よし！ 後方よし！ 上方よし！』の確認点呼まで威勢がよかっただけ（苦笑）。『うわっ！ これはムズい、ウソやろ？ すごっ!!』……などと翻弄され、強制的に終了させられてしまいました。でも『地獄やん。地獄飛行やん』――のアドリブは面白かったですけどね」（同前）

『あ、あれは100パー（％）コントラストのためやから。
俺がへぐった（失敗した）後にみっちーが成功したら、より際立つやん？
常に自分以外のメンバーを活かすこと、俺は考えてるからね。
丈くんや大ちゃんが同じことしたら、
自分らばっかり面白がってみっちーを（番組的に）コロしてしまうかもしれへん。
俺はみっちーを活かしながら自分もオイしくなってんねん。
ええ加減、俺のやり方理解して欲しいわ』

そう話す大西流星だけど、やり方は理解できなくても、そのセリフが単なる〝負け惜しみ〟ってことは理解できるかも（笑）。

大西流星の変身願望を叶える〝妄想グラビア〟

『ありがたいことに、俺もファッション雑誌さんの撮影に呼ばれることが増えてきたね。
個人的に「絶対に専属モデルやレギュラーモデルになりたい!」とまで強くは思ってないねんけど、
ファンの皆さんにはいつもと違う大西流星を楽しんでもらえるし、
雑誌とかは形としてちゃんと残るから、
オファーをいただいたら喜んでやらせてもらってます』〈大西流星〉

雑誌モデルの現場に行くと『自分の中の変身願望が刺激される』とも語る大西流星。

『最近の例でいうと、俺が新入社員の設定で、
〝あなた（読者さん）の部署にこんな新入社員が配属されてきたらどうする？〟
……みたいな設定の妄想グラビア企画に呼んでもらったのが印象的やったね。
俺が広告代理店の新入社員役で、読者の皆さんが俺の先輩で指導係役。
しかも何でもありの妄想グラビアやから、
〝可愛いすぎる後輩との秘密のオフィスラブ〟の設定が待ってんねん（笑）』

それはちょっと……楽しみかも。

『広告代理店の新入社員である俺と先輩（読者さん）が、
新作スキンケアアイテムの広告ポーズを考えるところから妄想ストーリーが始まってんのよ。
先輩に意見を聞かれた俺は「肌のもちもち感を表現できるポーズを考えました！」って、
ほっぺたでたこ焼き作るポーズを提案したり、猫耳ポーズを提案したりする。
自分で言うのも何やけど、そのポーズが全部可愛すぎて、先輩はプレゼンどころやなくなってくる。
俺は先輩の笑顔に「やっと笑った～！　楽しく考えましょうよ」とか煽りまくるのよ』

それは完全に〝りゅちぇ沼〟にハマってる（笑）。


『プレゼンは大成功に終わる。

先輩が会社に戻ると、俺から手書きメッセージが残されているわけよ。

先輩としてはちょっと頼りない後輩の面倒を見ていたハズやのに、
いつのまにか俺のペースに乗せられて、振り回されている自分がいることに気づく。

――こんなストーリーを新入社員スーツの俺が演じて、妄想が盛り上がらないわけないやん！』


確かにそれは盛り上がるに決まってる。


『新入社員さんの年令って、俺よりも少し年上なわけやん？

そういう設定の撮影は新鮮で楽しかった。

「自分が新入社員やったら」……とか考えると、紺のスーツにネクタイや時計のワンポイントとか、
特に「小物選びとかめっちゃ楽しそうやん！」――ってワクワクしましたね。

妄想やからこそ（笑）』

そう、妄想は大西流星の〝変身願望〟も叶えてくれたのだ。

『せやけど妄想シチュエーションとして一番盛り上がったのは、秘密の社内恋愛かな。一緒に会社を出るんじゃなく、どちらかが「先に行くね」とかコッソリと伝えるのって、〝めっちゃエエやん！〟と思いますね。

大阪やったら、あえてめちゃ混みの地下鉄御堂筋線の駅で待ち合わせたい。ラッシュのときは「ちょっと時間潰さへん？」とか、食事デートに誘うのもアリやん？……あかん！ 妄想が広がりすぎる（笑）‼』

大西流星自身も盛り上がる〝妄想グラビア〟。

これからもどんな〝妄想シチュエーション〟で撮影するのか、楽しみにしてるからね！

次代の〝カメレオン俳優〟誕生！

『今回の作品、主演はSnow Manの目黒蓮くんやったけど、
俺としてはめっちゃ嬉しい感想をいっぱいいただいてるんですよ』

Snow Man・目黒蓮が単独初主演した映画『わたしの幸せな結婚』（2023年3月公開）に皇子・堯人（たかいひと）役で出演した大西流星。

その大西の耳に直接入る形で、関西のマスコミ関係者から映画の感想が寄せられたという。

『俺が演じたのは大正時代の皇族、リアルな日本に当てはめたら皇太子殿下にあたるのかな?

……ということは若かりし頃の昭和天皇陛下ってこと。

まあ、あくまでもフィクションやから設定上の話やねんけど、

〝宮言葉〟っていうの? 宮廷の方々が使うセリフとかもあって、
どれだけ威厳と気品を出せるか、現代劇と違って、そういうところにめっちゃ気を遣ったかも』

——振り返ってそう語る大西流星。

役作りの大変さは作品を見ているほうにも伝わってきたけど、関西にある某民放テレビのプロデューサー氏は、作品を見た感想を大西流星に伝えた際——


『ホンマにホンマですか!?

その感想、役者としてめっちゃ嬉しいです!』


——と反応されたそうだ。

「『わたしの幸せな結婚』は目黒蓮くん、そしてヒロイン役の今田美桜ちゃんが中心の作品でしたが、終演後にスクリーンから退出する際、僕の前後にいた観客の方々が〝テロップに大西流星って出たけど、どの役だった?〟〝わからない。パンフ買って調べてみないと〟などと話していたことを流星くんに伝えたんです」(プロデューサー)

〝どの役だった?〟と言われ、もしかすると気を悪くするかもしれない。思わず話してしまったけど、言わないほうがよかったかも?……と、プロデューサー氏はどうやってフォローするか悩んだらしい。

ところが大西は『それはめっちゃ嬉しい。役者冥利に尽きる』と大喜びだったそうだ。

『今回の俺の役はストーリー的にはスパイスみたいな役で、観客の皆さんも〝フィクションだけど皇太子の役〟って思って見てはったわけじゃないですか?

俺がどこに出ていたのかわからなかったってことは、

俺が演じた堯人がめっちゃ自然に見えていたってことですからね。

役者は〝役を演じる〟のが仕事。

その究極の成功例こそ、演じている人間が役柄と同化することやと思うんで、

〝俺と堯人が見事に一体化していた〟――と思ってくださる方がいらしたってことですからね』

なるほど。確かに『役者冥利に尽きる』と喜ぶ気持ちはわかる。
また同様の感想が大西のもとに届いているそうだ。

『言い方は違いますけど、要するに〝ハマり役〟やったと。
これは別に誰かをイメージして思ってはいませんけど、
中には〝ジャニーズの役者はどの役をやっても芝居が同じ〟とかよく耳に入ってくるので、
そういう意味でも〝大西流星、どこに出てた？〟と言われるほうが、
お芝居を認められて嬉しかった』

顎木あくみ氏の同名小説を原作に、目黒蓮主演、今田美桜がヒロインを務めたロマンチックな大正ラブストーリー『わたしの幸せな結婚』。
大西流星が演じた堯人は次代の帝位を継ぐ皇子で、主人公・清霞の幼なじみ。普段は浮世離れした雰囲気をまといつつも、重い病を患う父の帝を気にかける思いやりのある性格の持ち主だ。

「尭人は帝室（皇室）という特殊な世界の中で、帝位を継承する宿命を背負って生きてきた。大西さんは尭人とは正反対でもの凄くチャーミングなルックスと立ち位置ですが、あのチャーミングさを封印するとどんな演技になるのか？ そんな新鮮な興味でキャスティングをお願いしたら、予想以上にハマってくれた」

——とは、この作品のキャスティング責任者の言葉だ。

「作品が上がってきたら、大西さんがもともとお持ちの大物感というか、いくつもの大舞台を経験されたゆえの落ち着きが印象的でしたね。チャームポイントの笑顔を封印した高貴さが、作品にリアルさや緊張感を与えてくれた。特に緊張感はまったく予期していなかったので、大西さんにしか出せない魅力だと思う」

——と、続けている。

「流星くんはこの作品で、次代の菅田将暉というか、次代のカメレオン俳優の先頭を走れる可能性を示してくれました。今後、主演に限らず数多くのオファーが舞い込むと思いますが、彼自身がどんな選択をしていくのか？ 楽しみでなりません」（前出プロデューサー）

ちなみに今のところ、大西流星が次回作の撮影に入っている情報はない。

だからこそ我々もプロデューサー氏同様、どんな役を演じてくれるのか、その日が待ち遠しい——。

大西流星が〝恩人〟と慕う大先輩俳優

さて話は『わたしの幸せな結婚』から半年ほど遡るが、大西流星が映画単独初出演を果たしたのは、昨年の9月に公開された『この子は邪悪』だったことを皆さんも覚えていらっしゃるだろう。

そう、大西流星はわずか映画単独出演2作目で、あれほどの高い評価を自分のものにしていたのだ。

「もちろんテレビドラマの経験、関西ジャニーズJr.時代の団体芸（？）、なにわ男子結成後にはSnow ManやSixTONESと『映画 少年たち』への出演経験があるとはいえ、単独出演は現場での立ち居振舞いがまったくの別物。加えて映画の撮影はストーリーの流れ（進行）に沿って順に撮影するわけではないので、頭に入っている情報量をフル活用しなければならない。そんな厳しい条件下、映画単独出演2作目にしてあれだけの存在感を示してくれた。まさに映画スターになるべくして生まれたメンバーだと思いますね」（人気放送作家）

そんな大西流星が〝恩人〟と呼び、そして慕っている俳優こそ、『この子は邪悪』で共演した玉木宏だった。

玉木宏が『この子は邪悪』で演じたのは、主人公・窪花（南沙良）の父親、窪司朗役。
大西は花の幼馴染み・四井純を演じた。

「幼馴染みの父親ということは、一般常識から考えて自分も幼少期からよく知る人物になります。その独特な距離感をどう演じるのか、大西くんにとっては最初の課題ですよね。ミステリーとファンタジーがミックスされた作品でしたが、大西くんはクランクイン直後、周囲に『玉木さん、**オーラがありすぎて怖いねん**』――などとこぼしていたそうなので、距離感の作り方には苦労したんじゃないですかね」（同人気放送作家）

撮影当時、まだ大西は〝関西ジャニーズJr.内ユニットなにわ男子〟の一《いち》メンバーであり、玉木宏はとっくに有名俳優の一人。オーラや迫力にビビったとしても仕方がない。

そんな大西流星について玉木宏は――

『初共演だったんですけど、撮影していた頃はまだなにわ男子としてデビューする前で、
デビューすることも発表されていない段階だった。
でも一目見ただけで〝いずれデビューして忙しくなっていくんだろうな～〟と思ったし、
その通り、すぐにCDデビューが発表されて、
今はあの頃と違ってめちゃめちゃ忙しい毎日を送っていると思う。
現場では年齢的にも役柄的にも親目線というか親心で見届けていましたが、
何でも器用に順応して微調整も上手い。
ちょっと教えただけですぐ修正できる能力は、
さすがにジャニーズJr.の中から選抜されてデビューを掴んだことだけのことはある。
だから僕は上から目線で指導したり説教したりするんじゃなく、
課題は自分で考えて自分で答えを出せるようにアドバイスしながら接しました』

――と、大西流星との日々を振り返る。

一方の大西は——

『玉木さんみたいな大先輩であり大スターが、デビュー前の一《いち》Jr.と対等に接してくださった』

——ことに感激し、ひたすら『感謝しかない』と語る。

『『わたしの幸せな結婚』の現場でも、

玉木さんにアドバイスしていただいた言葉を噛み締めながら臨んでました。

2年近く前の話ですけど、玉木さんとの初めてのシーンの前に、

玉木さんは当時まだJr.だったなにわ男子の活動やプロフィールを調べていてくださったみたいで、

「デビューできたらいいね」——って、ほとんど第一声で仰ってくださったんです。

その会話のおかげで肩の力が抜けて、お芝居のペースを玉木さんにお膳立てしてもらえた。

緊張感なくすんなりとお芝居に入ることができたのは、あのときの玉木さんの優しさのおかげです。

それと玉木さんってめちゃめちゃ声がいいので、セリフを話してるのに癒やされまくりました(笑)』

大西は周囲の現場スタッフに――

『いつか玉木さんのような、優しさと逞しさを兼ね備えた大人になりたい』

――と打ち明け、憧れの気持ちを隠さなかったそうだ。

しかし監督をはじめとする現場スタッフからは――

「そっち路線じゃないと思う。だいぶ違う」

――と全否定されたとか。

『ひどいと思いません?

俺は単なる憧れの気持ちを素直に口にしただけやのに、総出で完全否定してくるとか(苦笑)。

でもまあ、関西人としてはそっちのほうが美味しかったですけどね。

玉木さんには、

「何本かあと、大西くんの主演映画が決まったら呼んでよ!

どんな小さい役でも駆けつけるからさ」

──って言ってもらえているので、
逆に玉木さんをブッキングしたい映画関係者の方は、
大西流星を主演に抜擢すると玉木宏さんがついてきますよ!』


──オマケか(笑)!

もう何年か経験を詰めば、大西流星主演映画で、憧れの玉木宏と対等な立場で共演する日が来るに違いない──。

大西流星 フレーズ

『ちょっと前に新幹線で、
「中学生なのに一人旅？ 偉いねぇ」――って、
お婆さんに話しかけられたんですけど、
今年の8月で22才やのにめっちゃ複雑やった！』

テレビ界では「ジャニーズイチの童顔」と呼ばれている大西流星。
若く見られることは嬉しいが、若すぎるのもまた問題かも？

『（ファンの）みんなを楽しませるために、
俺発信の〝楽しませるリスト〟を常に考えてる』

何よりも気になる〝楽しませるリスト〟の存在。自分が〝楽しむ〟のではなく、ファンを〝楽しませる〟リストなのが大西流星らしさ。

『7人が乗ってる船が故障したり壊れたりしたとき、
俺はすぐにその故障した部分を直せる人になりたい』

なにわ男子に懸ける大西流星の想いが詰まった言葉。しかも押しつけがましいわけではなく、その〝さりげなさ〟がカッコいい。

『関西ジャニーズJr.に入ってから10年以上がすぎたけど、
常に新しい刺激や新しいドアに溢れている。
だからいつでも俺たちの進む先には、
〝新しい世界〟が待ってると信じてるよ』

これまでも、そしてこれからも。大西流星は常に新しいドアを
開けて進んでいく——。

3rd Chapter

道枝駿佑

Shunsuke Michieda

なにわ男子の〝おバカキャラ〟に認定!?

「道枝くんは相当焦ってましたね。いえ、ドローン国家資格の筆記試験に受かる受からないの話ではなく、『このままやと俺、なにわ男子の〝おバカキャラ〟に認定されるんやない？　いや、キャラというよりマジもんの〝おバカ〟認定やん！』――と。『ドローンの筆記試験はそれこそ専門知識の学科試験やから、もし落ちても〝おバカ〟いうのとはちょっと違うやん。でも今の流れやと、俺は恭平からバカにされるほどの〝おバカ〟になってしまうんちゃう？』――なんて、端正な顔を引きつらせながらまくし立てていましたから（笑）」

なにわ男子のレギュラー番組、価値観アップデートバラエティ『まだアプデしてないの？』。

大西流星のエピソードでも触れているが、この3月から4月にかけては道枝駿佑の新プロジェクト『道枝駿佑 ドローン国家資格を取る！』が特集された。

「合格率30%の難関ドローン資格取得に挑んだ企画です。気象予報士の〝合格率4%〟に比べれば、30%の合格率はかなりユルユルに感じられるかもしれませんね。しかし2022年12月から導入されたドローンの操縦ライセンス制度にはスポーツ中継や市街地での配送など人が集まるところで操縦できる〝一等資格〟、山間部での空撮や配送、ダムや橋の点検など人のいないエリアで操縦できる〝二等資格〟があって、今回道枝くんが目指した〝やさしいほう〟の二等資格でさえ合格率が30%しかないことを考えると、立派に難関資格の一つといえるのではないでしょうか」（番組スタッフ）

お父さんがラジコン好きで、その影響を受けて中学3年生の頃からドローンを操縦していたという道枝駿佑。今回、7人のメンバーの中から道枝が選ばれたのも、最も合格率が高そう、せめてテレビ的にドローン操縦だけはカッコをつけてくれそうだからだ。

『お話をいただいたときは、それまで「趣味はドローンです」言うてきたことを少し後悔しました。今さら試験を受けるなんて、全身〝寒イボ（鳥肌）〟だらけになりましたもん』〈道枝駿佑〉

意外に自信なさげな道枝駿佑。

大西流星の口説き文句『この資格を取ればジャニーズ初』のセリフに、安易に同意した自分を悔やんだ。

『きっと視聴者の皆さんは、流星くんが俺にサプライズで企画を伝える前から参加は決まっていた、事前に知っていたと思ってるんやろうけど、アレはガチにあの場まで知らんかった。スタジオで丈くんが「これ受かったらロケの仕事めっちゃ増えますね」――なんて喜んでたけど、内心どんどんブルーになっていったからね』

しかしロケで披露した道枝駿佑のドローン操縦技術は、有名アーティストのミュージックビデオ撮影を手掛けたドローン・スペシャリスト、白石麻衣さんを驚かせるほど。

そこでメンバーは合格に向けてさらに期待を高めていたものの、道枝が筆記試験に対する不安を吐露すると、なぜか高橋恭平が――

『三択の問題は俺に聞いて。得意やし。三択はほぼ外したことないし。正解を導き出す勘の鍛え方、教えて欲しければ連絡して』
『やれることはやっておいたほうがエエよ』

——などと、いかにも自分のほうが『成績エエと思う』目線で道枝を見下してきたのだ。

『恭平なんて年齢は俺の2個上（※学年は3個上）のくせに、
高校生のときはつい最近やった高1とか高2の試験、全然できへんかったんです。
勉強ちゃんと教えてもらえたことなんて1回もないんよ。
その恭平にまるでおバカ扱いされてんねんから、
放っといたらホンマに〝おバカ〟にされてしまう』

道枝はその恐怖から逃れるためにも『必死で勉強するしかなかった』のだ。
しかしそれで〝ジャニーズ初〟の称号を手に入れられるのなら、多少のおバカ扱いにも〝耐えるしかない〟のかも（笑）？

〝ニューみっちー〟に上書き希望！

『最近なぜかよく（目黒）蓮くんのことを思い出す。
何なら夢の中にはレギュラー出演（笑）』

――と明かす道枝駿佑。

『蓮くんがテレビに映るたびに『消えた初恋』（テレビ朝日系）の頃を思い出すんですよね。
俺にとってはデビューの前後をまたいでオンエアされていたW主演のドラマやったし、
何よりもなにわ男子のデビュー曲『初心LOVE』が主題歌に採用されたじゃないですか。
最近、恭平も言ってたけど、
〝自分の主演作の主題歌をなにわ男子が担当して、さらにそれがシングル曲になる〟って、
めっちゃテンションが上がる嬉しさの極みですもんね』

しかもグループにとって生涯に1曲しかないデビュー曲なのだから、なおさらだ。

道枝駿佑は――

『だから今でも『初心LOVE』を歌うときはドラマの思い出が蘇る』

――ので、やたらと照れてしまうそうだ。

『撮影中にコッソリと教えてもらったのは、蓮くんの実家が東京の〝大田区〟にあること。子どもの頃からずっと「名字目黒なのに家は大田区かよ! 目黒区じゃないんか!?」

――ってツッコまれまくったらしいよ(笑)。

大阪ってあんま地名と名字でツッコめる人がおらへんねん。

まあ、〝梅田に住んでる梅田さん〟とか、〝平野に住んでる平野さん〟、俺らの高校があった〝長居に住んでる永井さん〟ぐらいは居てはったとは思うけどね。

それにしても『消えた初恋』って、なにわ男子のデビュー前に撮ってたから2年近く経つんだよな～。

あれから蓮くん、2年もあれば念願の目黒区に引っ越せたのかな?』

いやいや、そんなネタになるための引っ越し、しないでしょ。

というか目黒蓮自身は、ひと言も〝目黒区にマンション借りたい〟とは言ってないしね。

『インタビューで俺がつい〝れんくん〟と口にしてしまうのは、

たいていは〝King & Princeの永瀬廉くん〟のこと。

関西ジャニーズJr.の先輩だし、

東京にいるときは大ちゃん（西畑大吾）と3人で食事に行ったりするから。

でもインタビュアーさんは「その〝れんくん〟が目黒蓮くんだったら嬉しい」

……みたいな表情をよく浮かべはるんです。

そこは今の時代、〝目黒蓮くんブーム〟が到来してるからだと思いますけど』

そういったインタビュアーさんが雑談で（道枝の）気分を盛り上げようとしてくださるとき、今でも

目黒蓮の名前とともに出てくるのが——

『『消えた初恋』のバーベキューシーンの撮影のとき、
俺が両手に焼きそばやら串焼きやらを持ちすぎていて、
カットがかかった瞬間に焼きそばをバ～ってこぼしちゃったことがあるんですけど、
昔、蓮くんがそのシーンのことをいろんなところで話していて、
「いつも完璧に見えるみっちーの失敗で親近感が湧いた」――って言ってくれていたんです。
ドラマが終わって1年半近くなのに、なぜかインタビュアーさんたちの脳裏に残っているみたい。
まだ覚えてくださっているのは光栄ですけど、
できれば〝ニューみっちー〟で上書きしてもらえれば……（笑）』

……とのことなので、インタビュアーさんたちはいつまでも〝失敗〟を追いかけるのではなく、

〝ニューみっちー〟で上書きしてくださいね！

道枝駿佑と長尾謙杜の〝同期で同級生〟の絆

『まあ、〝あんなこと〟言うのは本当に今さら感満載に感じるかもしれへんけど、ホンマに〝同期の同級生と2人でCMか〜〟って、胸が熱くなったんですよ』〈道枝駿佑〉

この道枝駿佑のセリフだけでファンの皆さんには何についてのコメントかはおわかりだと思う。

この3月から道枝駿佑と長尾謙杜がCMキャラクターに抜擢された「シーブリーズ」CMについてだ。

道枝駿佑はCMキャラクター就任の記者会見で感慨深げにこう語った――。

『長尾と出会って10年目になりますが、一緒にダンスやお芝居の練習もやって切磋琢磨してきたので、2人の間に特別な絆が生まれた。長尾と2人で学校とジャニーズの青春を過ごしてきた。青春2倍でした（笑）』

「あの言葉には前フリというか、長尾くんから道枝くんについての感動的なセリフがあって、それを受けた道枝くんが感情を吐露した雰囲気でした。普段は淡々と感情を抑えて冷静に受け答えをする道枝くんだけに、僕らなんかは〝おっ、いつもと違う〟と注目したんです」（スポーツ紙芸能デスク）

冒頭の『ホンマに〝同期の同級生と2人でCMか〜〟って、胸が熱くなった』という道枝駿佑の言葉は、道枝の本心から出た言葉だった。

道枝駿佑と長尾謙杜が起用された「シーブリーズ」の新CMは、同じ高校のサッカー部で同級生という設定で、いわゆる〝青春真っただ中〟の2人の絆をテーマに描かれた作品。CMソングには、なにわ男子の新曲『Blue Story』が起用されている。

記者会見にはCMでも着用していた制服姿で登場。2人ともも う20才なので、最初はこれも照れ隠しの一つで——

『制服、コスプレになってません？』

『まだまだイケるやろ！』

——なんてやり取りを。

そして先に長尾謙杜から——

『同じ学校に通っていた2人が一緒にCMに出演させていただける日が来るなんて』

——と、しみじみと語り出すと、道枝はそのセリフを受ける形で、

『ビックリですよね。いつもの2人とは違った雰囲気で新鮮な感じがしました』

——と答え、さらに続けて、

『長尾と出会って10年目になりますが、
一緒にダンスやお芝居の練習もやって切磋琢磨してきたので、2人の間に特別な絆が生まれた。
長尾と2人で学校とジャニーズの青春を過ごしてきた。
青春2倍でした（笑）』

おそらく道枝駿佑は、素直に感じたままを言葉にしたのだろう。

だからこそ普段の記者会見では飛び出さないような〝熱い想い〟を吐露するセリフが口をついて出たのだ。

「なにわ男子の活動の中で、あえて〝同期で同級生〟というお互いの関係を意識せざるを得ない場面はないので、今回のように〝起用する側がそれを意識して〟お膳立てをしたケースだからこそ、思ってはいても口にしてはこなかったセリフが出たのでしょう」（同芸能デスク）

さらに藤原丈一郎のエピソードでも触れているが、ちょうどこの記者会見が開かれたのがWBCで日本代表が快進撃を続けている最中とあって、長尾謙杜が商品にちなんだリップサービスで――

『学生のときはシーブリーズのウォーターとボディーシートを二刀流で使っていたので、今の大谷翔平さんと同じくらいクラスで人気者でした。

僕はサッカー好きなので、WBCの準々決勝も左手にサッカー、右手に野球の二刀流で応援します』

――と記者会見を沸かせたことで、逆に〝野球命！〟の藤原丈一郎を刺激。

後に――

『ちょっと俺、2人のシーブリーズさんの記者会見みたいなヤツを見たんやけど、
みっちーと謙杜がWBCについて語ったりしとったわけよ。
確かに「丈くんがWBCをよく見ているので、
丈くんと一緒にメンバー全員で応援したい」
――と俺の名前を挙げてくれてはいたけど、
〝サッカーと野球の二刀流〟って何?
全然違うスポーツやん。
しかも自分がやるんやなくて、単なる応援やからな』

――と、藤原丈一郎からイチャモン(?)に近いクレーム電話があったとか。

『しかも丈くん、
〝サッカーと野球の二刀流〟って言ったの謙杜やのに、
クレームは俺に入れてくんねん。
「サッカーと野球の二刀流じゃなくて、野球が先。
野球とサッカーの二刀流やろ」——って、
知らんがな（苦笑）』

——そう言って苦笑いの道枝駿佑。

思わぬところから火花が飛んできたけど、これも藤原丈一郎の〝メンバー愛〟ということで。

道枝駿佑と長尾謙杜の〝同期で同級生〟のCM共演、これからも楽しみにしてるからね！

道枝駿佑が誓う！〝偉大な先輩〟への決意

「道枝くんは東京暮らしで『Ｎｅｔｆｌｉｘにハマりまくってる』そうで、外出せずにずっと海外ドラマを見まくって寝不足だと話していました」（テレビ朝日系『まだアプデしてないの？』スタッフ）

そんなＮｅｔｆｌｉｘにハマりまくっている道枝だが――


『よく見るのはＮｅｔｆｌｉｘオリジナルシリーズの、１シーズンが６話とか８話の短いシリーズか、Ｎｅｔｆｌｉｘのオリジナル映画。

前から「何で日本のドラマは１クール10話とか11話の短い連ドラばかりなんやろ？

韓国ドラマみたいに16話ぐらいあったほうが見応えあるやん」って思ってた』

――そうだが、最近では、

『16話とか無駄に長い。もう長くても10話ぐらいしか見られへん』

――らしい。

「道枝くんの感覚はさすがZ世代のフロントランナー的な視点で、たとえばZ世代が使うSNSの主流はTikTokに移りましたが、〝なぜTikTokなのか?〟というと、その動画の〝短さ〟からです。この頃、しきりにオワコン化が囁かれるYouTubeですが、再生回数の多い動画はそれこそ〝3分動画〟ばかり。人気YouTuberたちが〝稼げなくなった〟と嘆いているのは、彼らの動画がつまらなくなったのと同時に、無駄に長いからです。もちろんこの常識は〝推しの動画はずっと見ていられる〟ファンがついている、ジャニーズやその他芸能人動画にはあまり当てはまりませんが」(ITジャーナリスト)

そんな道枝がNetflixで検索し、『改めてちゃんと見直している』のが、自身が出演した2021年1月クールのTBS金曜ドラマ『俺の家の話』だ。

『たまたま〝次は何見よっかな〜〟って新作（Netflix配信上の）ドラマを検索したら、いきなり『俺の家の話』が現れたんですよ。長瀬智也さんの主演作で『池袋ウエストゲートパーク』も配信されてたけど、そちらは一旦マイリストに入れて、自分の芝居を見返すつもりで『俺の家の話』を見始めたんです』

改めて説明する必要はないかもしれないが、TBS系『俺の家の話』は、長瀬智也がジャニーズ事務所に所属していた最後の作品だ。

道枝にとっては偉大な先輩との〝最初で最後の〟貴重な共演作。当時はまだなにわ男子としてCDデビューする前、関西ジャニーズJr.所属での出演で、同じくジャニーズJr.・Go!Go!kidsに所属する羽村仁成とともに、役者としての将来性を買われての出演だった。

『そんで長瀬さんの最後の連ドラってことで、クドカンさんこと宮藤官九郎さんが脚本やし、出演されてた役者さんが、西田敏行さんを筆頭に戸田恵梨香さん、永山絢斗さん、江口のりこさん、荒川良々さん、平岩紙さん、ロバート・秋山竜次さん、桐谷健太さんってめちゃめちゃ豪華な方々。普通に羽村くんと2人、「俺らここにいてエエの?」……って話してました（苦笑）』

なにわ男子のメンバーに『宮藤さんの作品に出る』と報告したら、メンバーは「マジにスゴすぎる！」と反応してくれたそうで、道枝は――

『上手い言い方が思いつかないんですけど、メンバーに羨ましがられる作品に呼ばれたのは、心から鼻高々でした（笑）』

――と振り返る。

クドカンの持ち味、シリアスかつコメディー要素満点の作品は、ドラマスタッフに「宮藤さんの脚本はあまり読み込みすぎると〝芝居脚本の面白さを乗り越えられるか〟って悩むことになるから、あまり没頭しないようにね」とアドバイスされるほど、すごい脚本だったと明かす。

『俺が演じた長田大州（おさだ だいす）はストリートダンスのチームを組んでいて、ダンス大会で優勝するほどレベルが高い。

後に大学の新歓コンパで逆ナンされた女の子とデキ婚して、生活のためにホストとして働きながら8年かけて大学を卒業したり、最後にはラーメン系YouTuberとして人気になる。

波乱万丈というより、あり得ないような人生を送るんだけど、「Yo！ Yo！」ってラップをするところとか、振り切って演じるところが大変でした。

その場にメンバーしかいなければ大丈夫だけど、ほとんど初対面に近いスタッフさんがたくさん俺を見てる（苦笑）。

やっぱり〝ちょっと恥ずかしかった〟のがドラマの思い出』

しかし当時〝最も濃い〟思い出は、やはり長瀬智也との交流だったと明かす。

『ダンスシーンの撮影が終わったとき、
長瀬さんが「みっちー、今何才だっけ?」――と話しかけてくださったんです。
そのとき、まさか長瀬さんが俺のことを「みっちー」と呼んでくださったことにドキッとしました。
だって当時の俺はなにわ男子というユニットにはいましたが、
Jr.、それも長瀬さんとまったく関わりのない関西ジャニーズJr.で、
長瀬さんは当時ジャニーズのグループの中で実質的トップのTOKIOのメインボーカル。
事務所内の序列でいえば天と地ぐらい離れている。
その長瀬さんが、俺のことを「みっちー」って……。
もしかしたらメイクさんがいつも「みっちー」と呼んでくださっていたのを、
長瀬さんが耳にしたのかも。
いずれにしてもめちゃくちゃテンションが上がりました! 嬉しすぎて』

それまでは挨拶をするのが精一杯だった長瀬との関係だったが、この「みっちー」事件(?)を機に、道枝が演じた大州の制服衣裳や、現場入りしたときのリアル私物制服姿を見て「似合ってるじゃん」と声をかけてもらえたりしたそうだ。

『ドラマの中で舞う〝お能〟の稽古とかめっちゃ大変だったんですけど、その本番を〝長瀬さんに見てもらえる〟と思ったら、やたらとモチベーションが高まりました。もう長瀬さんにはお会いできる可能性は低いし連絡先も知らないけど、「俺が頑張ってドラマや映画に出ている姿を、きっとどこかで見てくれる日が来る」――そう信じて精進していきたい』

固い決意を語った道枝駿佑。

きっと……いや必ず、今もどこかで長瀬智也が――

『みっちー頑張ってるな』

――と見てくれているはずだ。

道枝駿佑 フレーズ

『ラウールに「僕とみっちーでジャニーズモデル部を作ろうよ」
——って誘われてるんですけど、
モデルって団体戦じゃなくて個人戦じゃないですか？
その部活で学ぶこともないし、のらりくらりとかわしてます（苦笑）』

いつの間にか身長も180cmを越え、隔月とはいえMEN'S NON・NOのレギュラーモデルにも抜擢された道枝駿佑。モデル部といわれても、確かに活動の核になるような部活ではないし、今は経験を積んで自分のスタイルを見つけるしかあるまい。

『たとえ（仕事で）失敗しても、うつむかない。
上を向いて笑顔でいられる人間こそが成長するから』

上を向いて笑顔でいられるからこそ、本当にポジティブでいられる。
道枝駿佑が心掛けている前向きさ。

『迷ったときほど自分の心に正直でいたい。
そして心が決めた方向に進みたい』

尊敬する木村拓哉から贈られた言葉。常に自分の心の赴くままに――
正直でいたいものだ。

『お仕事でたまにすごく褒めていただけることがあるんですけど、調子には乗らないけど自分の能力は信じるようにしています』

調子には「乗れるときだけ乗ってみる」考え方もある。実力以上の力を発揮できることもあるからだ。しかし慎重な道枝駿佑は地道な努力を好む。

4th Chapter

高橋恭平

Kyohei Takahashi

〝役者・高橋恭平〟に囁かれる〝大化け〟する可能性

『丈くんとはっすんは、なにわ男子になってから映画に出てはらへんけど、
そろそろオファー来るんちゃうかな?
そしたらメンバー全員、CDデビューしてから映画に出ることになるもんね』〈高橋恭平〉

2023年3月に公開された映画『なのに、千輝くんが甘すぎる。』で、念願の映画単独初主演を果たした高橋恭平。

昨年は『メタモルフォーゼの縁側』(2022年6月公開)で共演した芦田愛菜に『やっぱり主演のオーラというか、貫禄が全然違う』と驚かされてばかりだったというが、この『なのに、千輝くんが甘すぎる。』では、自分なりに『共演者の皆さんに助けてもらいながら、何とか初めての座長をやり遂げられた』満足感を感じているそうだ。

さて冒頭の高橋恭平の言葉からもおわかりの通り、２０２１年11月12日にＣＤデビュー以降、メンバーが出演する映画の封切りが続いているなにわ男子。

『メタモルフォーゼの縁側』、主演作『なのに、千輝が甘すぎる。』の高橋恭平の他、西畑大吾、大西流星、道枝駿佑、長尾謙杜、各2本ずつ計10本も映画に主演、出演している。

「別に本数が多いからいい、少ないから悪いという話ではありませんが、映画館の大スクリーンで〝映える〟メンバーにオファーがいくのは確かですし、ジャニーズ事務所内での期待度に比例しているのは間違いありません。さらにいえば興行面で〝ジャニーズファン以外のお客さんを呼べるかどうか?〟もポイントで、なにわ男子のメンバーは主演でも助演に回っても〝お客さんを呼べる〟評価が高いということです」（映画関係者）

その証拠の一つとして、我々は映画関係者氏に〝ある数字〟を見せられた。

それはこの3月に公開された高橋恭平の主演作『なのに、千輝くんが甘すぎる。』が、公開3日間（週末）で約20万7千人を動員。約2億5，５００万円の興行収入を上げていたことだ。

「あまり大きな声では言えませんが、King & Prince・平野紫耀くんが初主演した2018年の公開作『honey ハニー』は、週末2日間での動員数が約5万5千人、興行収入約6,400万円しか上げられませんでした。当時のKing & Princeの人気、ジャニーズ事務所からの推され具合を鑑みると、決して満足のいく数字ではありません。またあくまでも単純な数字の話ですが、同じラブストーリーのジャンルで比較すると、道枝駿佑くんが初主演した『今夜、世界からこの恋が消えても』が同じく公開3日目で約17万3千人の動員、約2億2,700万円の興行収入だったので、高橋恭平くんの初主演作のほうが最終的な興行収入も上回るのではないかと見られています。グループ内の序列では道枝くんのほうが上だと聞いていますから、人気と成績の逆転現象が起こっている。それ自体は別に珍しい話ではありませんが、今後、業界内での映画スターとしての評価は、高橋恭平くんが〝なにわ男子のエース格〟に飛び出す可能性が高いのでは」(同映画関係者)

『今夜、世界からこの恋が消えても』の最終的な興行収入は約15億3千万円だったという。

高橋恭平の主演作『なのに、千輝くんが甘すぎる。』は20億円を突破する勢いなので、映画スターとしての評価が〝グループNo.1〟とされても不思議ではない。

「高橋恭平くんは公開初日前後で数多くのバラエティ番組で映画の番宣をしていましたが、それは道枝くんも同じ。道枝くんも初出演作の比較では平野紫耀くんに圧勝していますが、同じグループ内のメンバーに負けているのもまた事実。連ドラと違って映画は非常にシビアで、動員力が将来的なオファーに繋がる。今の高橋恭平くんは、かつて岡田准一くんがV6の中で映画スターとしての地位を確立させていったときの状況に似ています。あのときもV6のエースは〝剛健〟、つまり森田剛くんと三宅健くんでしたからね」(同前)

なにわ男子には〝西畑大吾〟という絶対的な〝主演俳優〟も控えているが、演技力の面では、誰の目にも高橋恭平がまだまだ西畑大吾に及ばないのは一目瞭然。

「それでも演技力やスキルは、いい作品に巡り会えば一発で向上します。高橋恭平くんが道枝駿佑くんや西畑大吾くんを超え、役者として〝大化け〟する可能性は十二分に残されている。同世代のライバルを蹴散らし、ポスト木村拓哉、ポスト岡田准一、ポスト二宮和也までステップアップしてもおかしくはない」(同前)

失礼ながら同期入所組の道枝駿佑、長尾謙杜の陰に隠れ、常に〝第3の男〟的な道を歩んできた高橋恭平。

ここで一気に2人を抜き去り、〝客が呼べる〟映画スターへの道を駆け上がっていくかもしれない。

目指せ！〝ライバルは永瀬廉〟

高橋恭平は少女漫画を実写映画化した青春ラブストーリー『なのに、千輝くんが甘すぎる。』に初主演した際、〝ポジティブでナルシスト〟な主人公・千輝くんを演じるにあたり、2つのポイントを掲げていたという。

『一つは千輝くんのポジティブでナルシストな性格――これはある意味、自分自身の性格にも通じるところがあるから、普段通りの気持ちで臨めば説得力も出ると思う。問題は千輝くんのルックス。設定が〝学校一のイケメン〟やん？確かに俺はナルシストになれるぐらいのイケメンやと思うけど、胸を張って自信満々に〝学校一のイケメンです！〟というほどでもない（苦笑）。その学校で一番ってことは、関西ジャニーズでも一番やと自信を持てるぐらいのイケメンでしょ？……それは無理よ。俺、永瀬廉くんの高校時代とか見てきてるから』〈高橋恭平〉

皆さんもご存じ、国宝級イケメンかつ全角度イケメンでおなじみの、King & Prince・永瀬廉。2014年11月に関西ジャニーズJr.入りした高橋恭平はほんの数ヶ月間とはいえ、永瀬廉が東京に移るまでの間は〝なにわ皇子〟メンバーの一人として間近に接し、またMr.King vs Mr.Prince、Mr.KING、King & Princeのメンバーとしての背中を追い続けてきた先輩だ。

『廉くんこそが、俺が人生で見てきた中で一番のイケメンで憧れの存在。せやから千輝くんを演じるときは、自分が廉くんになったつもりでカッコつけてた（笑）』

——と明かす高橋恭平。

「確かに高橋くんは以前から『永瀬廉くんの真似をしたい』というほどの永瀬くんファンで、時おり西畑大吾くんに『廉は俺の同期やで？ 俺とか正門（良規）に憧れたほうが身近やん。廉、東京に住んどるんやから』——なんてツッコまれていましたね。負けじと高橋くんも『廉くんがアルゼンチンに住んでても憧れ一番は廉くんですから』——とか、ボケながら返してましたけど（笑）」（在阪民放ディレクター）

『俺、ずっと「少女漫画の実写版をやりたい」って言ってたんですけど、いざそれが決まったらメンバーが一斉に〝ホンマに恭平できるんか？〟って連絡が来たんですよ。同期のみっちーに現場経験の話を聞くのが一番気楽やったんで何度も相談に乗ってもらいましたね。みっちーはいつも「気負わずに」「当たって砕けろや」って背中を押してくれたんですけど、よくよく聞いたらHey! Say! JUMPの山田くんから聞いたやり方やったらしいですわ。「自分の言葉ちゃうんかい！」——って思いましたけど、山田くんといえばみっちーにとって永遠の憧れ。そんな山田くんの言葉を俺にかけるなんて、めっちゃサービスしてくれたと思いません？』

自分は自分で、現場で緊張したときは——

『（俺は永瀬廉や）』

——と心の中で唱えていたという。

『永瀬くんに成りきれれば、俺の中では〝学校一のイケメン〟が完成ですからね。スタッフさんからは「いつものナルシスト恭平でやれば大丈夫」とか、声をかけてもらったんですけど、さすがにそこまでのナルシストじゃない（笑）。でも陸上部の千輝くんが走るたびに髪がサラサラ～っと風になびくのは、俺発信というか俺が気づいたイケメンポイントでした』

終始「イケメンといえば永瀬廉くん」と語る高橋恭平だが――

『イケメンって〝イケメンな行動をしよう〟と思って過ごしてる人じゃなくて、自然と〝出ちゃう〟人が本当のイケメンやと思いますね。その意味では俺も立派にイケメンやけど（笑）。でも、だからこそジャニーズに入って初めて〝カッコいい！〟と思った永瀬くんが、仕事やお芝居への向き合い方、後輩との接し方、すべてにおいてイケメンやから憧れるんです』

――とも。

『前から「ホラー映画やりたい」って言ってた大ちゃんがホラー映画で主演しますけど、
俺も俺のイメージを全部壊すような、想像外の仕事を次はやってみたいですね。
今回、共演者も同世代の方々が多かったので、
とにかくみんなに話しかけるようにして仲よくやっていきたいと思って現場に入って、
そこでなにわ男子とは違う世界線で学んだことも多かった。
いろいろな現場を経験することで、
「これはこの人と会ったからわかることだ」「あの人のおかげで、こんなことを知れた」とか、
知らなかった言葉を覚えて気づくこともたくさんあったし、
たくさんのことを吸収してレベルアップしていきたいから』

そのうち憧れの永瀬廉に「若手では高橋恭平が（ライバルとして）怖い」などと言わせる日も来るだろう。

……いや絶対に来なければ、なにわ男子も高橋恭平もレベルアップすることができないのだから、
必ず来るに決まっている。

高橋恭平が憧れる〝あの俳優〟

『普通に一《いち》視聴者というかお客さんとして作品を見ていて、
吉沢亮さんのお芝居にすっげえ惹かれてたんですよね。
吉沢さんってお芝居の振り幅が凄いというか、
正統派のラブストーリーから『キングダム』や『銀魂』みたいな歴史戦闘モノ、
『東京リベンジャーズ』みたいな不良モノまで、主演だろうと主演じゃなかろうと、
きっとご自身が納得して「この役やりたい！ 出たい!!」って気持ちで、
いろんな映画やドラマに出てはるんやろうな～って。
中でも特に、俺のイメージでは少女漫画実写版の存在感が凄くて、
キラキラ～っとした役柄に憧れたんです。
俺も実写版の主人公がやれる年令のうちにやりたかったのは、
完全に吉沢さんの影響です』〈高橋恭平〉

高橋恭平に「永瀬廉以外で、ジャニーズ以外で憧れる俳優さんは?」と尋ねると、光の速さで返ってきたのが〝吉沢亮〟の名前だった。

「吉沢亮くんといえば2年前の2021年NHK大河ドラマ『青天を衝け』で主人公の渋沢栄一を演じ、俳優としてのランクが一気に上昇した俳優さんです。あまり話題にはなりませんが、吉沢くんは2011年から2012年にかけてオンエアされていた『仮面ライダーフォーゼ』(テレビ朝日系)に〝仮面ライダーメテオ〟役で出演した〝ライダー俳優〟の一人(※主人公の仮面ライダーフォーゼ役は福士蒼汰)。高橋くんもそこまではチェックしていなかったみたいですが、吉沢くんがドラマ関係者の間で注目されるきっかけになったのは、やっぱり仮面ライダー俳優だったからです」

高橋恭平とのエピソードを話してくれたのは、テレビ朝日系『まだアプデしてないの?』番組スタッフ氏だ。

「『仮面ライダーフォーゼ』は物語の舞台が学園、それも〝仮面ライダー部〟という部活で、かなりバラエティ色が強い作品だったせいか、福士蒼汰くんが演じた1stライダー以外の2ndライダー、3rdライダーはあまり印象に残らなかったのも事実。高橋くんが言う吉沢くん出演の少女漫画原作の作品としては、『カノジョは嘘を愛しすぎてる』(2013年12月公開)や『アオハライド』(2014年12月公開)などの出演が初期の作品になりますね」(番組スタッフ)

高橋恭平の中では、クールで素っ気ない〝千輝くん〟のモデルに近いのが吉沢亮だったと明かす。

「でも後で吉沢亮くんが藤原丈一郎くんよりも年上と聞いてから、一気に吉沢くんをオジサン扱いし始めたみたいですけどね（笑）。でも**『吉沢さんのキラキラ演技に惹かれたのは本当』**――とは話していました」（同番組スタッフ）

クールで素っ気ない〝千輝くん〟の役作りに関しては、高橋恭平は『ラフに、素の感じでいくこと』を特に意識していたそうだ。

「普段、番組で一緒になる高橋くんには〝清純〟なキラキラ要素や胸キュン要素は感じないので、最初に映画出演の話を聞いたときには、〝単なるチャラい高校生しかできないんじゃないの?〟と思っていました。でも映画館で立派に千輝くんを演じている高橋くんの姿を見たとき、驚きとともに感動してしまいました」（同前）

『確かになにわ男子にはキラキラ&胸キュン担当のメンバーが他にもいるから、
俺は自由に素のままでやらせてもらってるやん?
そことのギャップというか、「お芝居をやってるときの高橋恭平は違うねんぞ!」
――ってとこを身近なスタッフさんたちに認めてもらえたのは、
今回『なのに、千輝くんが甘すぎる。』に出させてもらったおかげやと思ってますよ。
正直な話、映画がヒットしたことはもちろんめっちゃ嬉しいねんけど、
そうやって普段から俺を知ってるスタッフさんたちに「高橋恭平、やるやん」って、
見直してもらえたことが、予想外の出来事でめちゃめちゃ嬉しかった』

憧れの吉沢亮や永瀬廉、そして映画に出演するなにわ男子メンバーなど、今後はいい意味での
〝ライバル〟として――

『**競い合っていけたらエエな**』

――と言う高橋恭平だった。

高橋恭平が披露したい〝EIKOとのコラボネタ〟

『これはもう関西ジャニーズJr.に入る前からテレビで見てきたし、
俺が関西ジャニーズJr.に入って大阪のテレビに呼んでもらえるようになった頃には、
とっくに東京進出して大阪のテレビとかやってはらへんかったたんちゃうかな？
最近は『相席食堂』とかやってはるし、次は『相席食堂』のロケを任せてもらうことが目標！
EIKOさん（狩野英孝）とロケ対決したい！』〈高橋恭平〉

毎週木曜日の21時台にオンエアされている、お笑い芸人・千鳥の冠番組『千鳥のクセがスゴいネタGP』（フジテレビ系）。

「かつて千鳥がM‐1グランプリに出場していた頃の漫才ネタ、その代表的なフレーズの一つに岡山弁で『クセがスゴいんじゃ！』とノブがツッコむフレーズがありますが、そのフレーズをタイトルに流用し、番組の内容もショート系の〝クセスゴネタ〟を連発するZ世代向けのネタ番組」（人気放送作家）

そんな『千鳥のクセがスゴいネタGP』の、3月2日に放送された『3時間SP』に、念願の初出演を果たした高橋恭平。

『関西のお笑い事情に詳しいスタッフさんに聞いたら、
千鳥さんは2012年に当時のレギュラー番組11本のほとんどを降板して、
東京進出を果たしたんやってね。
そら俺が関西ジャニーズJr.に入ったのは2014年11月やし、
なにわ男子でロケとかに呼んでもらえるようになったのは2018年10月以降やし、
大阪の番組で千鳥さんと一緒にならへんかったのは当たり前やね。
俺、お世話になったから言いたくないねんやけど、
たむけんさん（たむらけんじ）とかが、
売れっ子の千鳥さんと関西ジャニーズJr.を会わさんように、
邪魔してたんのかと思っとったわ（笑）』

今回、めでたく千鳥との共演に至ったのは、『なのに、千輝くんが甘すぎる。』の番宣を兼ねてのこと。

しかも公開前日、(公開前としては)最後の番宣出演が『クセスゴ』に。

張り切りすぎた高橋恭平は――

『千鳥さんから「特技を見せて」ってムチャぶりされたときは、
めっちゃ焦ったしめっちゃ緊張した。
いつもはスベッてもメンバーが拾ってくれるのに、
あの場は自分一人しかいませんでしたからね(苦笑)。
そもそも俺は純粋なバラエティ担当じゃないから、正直内心は大パニックでしたよ。
でも千鳥さんは初見なのにサッと救えるテクニックも持っていて、
アレは改めて千鳥さんの凄さしかなかった。
それでも俺かて〝振り切れるジャニーズ〟が目標やし、
土壇場で火事場の馬鹿力を見せることができたんちゃうかな(笑)』

確かに番組を見たメンバーからも――

『ビックリしたけどよかった』
『やればできるやん』
『新境地開拓やな』

――などのLINEが届いていたと明かす高橋恭平。
勢いに乗ってというか調子に乗って――

『次は『クセスゴ』側の出演者として、EIKOさん（狩野英孝）とのコラボネタで出たい』

――とまで公言してしまった。

『いや、それは口に出した以上、オファーをいただけたらちゃんと1からネタを作りますよ。
前にはっすんと丈くんがクセスゴ側で出演して、それめっちゃ羨ましかったんです。
ホンマはメンバーと組んで出たほうがいいんでしょうけど、
ウチは7人グループやからペアを作ると1人余る。
せやったら俺は最初から狩野英孝さんと組んで、
クセがスゴいかどうかはわからんけど、
〝ナルシストあるある〟みたいなネタやったらハマるんちゃうかな?
ただ俺が千鳥さんを好きすぎて想像よりも緊張してしまったんで、
EIKOさんとのコンビではいい感じに引っ張ってもらいたい』

……いや別に、次の出演どころか狩野英孝さん側に何の話も通してないじゃん(苦笑)。

『今回はスタジオでネタを見せてもらっただけで劇場の客席に座っていたわけじゃないけど、出てくる芸人さん全員が面白かったし、いつもテレビで見ていた番組で、なおかつ本物の千鳥さんと、スタジオで一緒にネタを見られて幸せすぎました！

ちょっと残念やったのは、収録前に千鳥さんの楽屋に挨拶に行ったとき、今までいろんなインタビューで〝千鳥愛〟を語ってきたのに、ご本人には届いてなかったこと。

これからは俺、本当に好きなことや好きな芸人さん、アーティストさんを、もっともっと発信するしかない』

そう言って決意を語る高橋恭平がE－KO（狩野英孝）とのコラボネタを披露する日が来るのはいつだろうか。

2人が千鳥の前で披露する〝ナルシストあるある〟ネタ、今から楽しみにしてるからね！

高橋恭平 フレーズ

『映画の番宣でトーク番組に呼んでいただいていたとき、打ち合わせで、

「思ったよりも普通ですね。もっとチャラい感じでお願いします」

――って何回か言われたことがあるんです。

せやけど天の邪鬼やから、言われれば言われるほど、
ゴリゴリに真面目感を出したくなるんですよね（笑）』

同じ〝ヤラセ〟でも「チャラく見えるように」の指示が出ていたとか。
そしてそれは高橋恭平を『（ホンマの自分には魅力がないんか？）』
……と悩ませる結果に。

『俺とか、周りから「お前には無理や」と思われていることに、あえて挑戦したい気持ちが強い』

いい意味で周りの評価を覆したい、驚かせたい。一種の〝反骨精神〟こそが高橋恭平の魅力。

『自分の正直な気持ちをホンマに伝えたいときは、
絶対に〝自分をよく見せよう〟とか思わんこと。
飾らない自分で伝えることが一番』

人は誰しも〝承認欲求〟を持っているもの。だからこそ〝飾らない自分〟でいることは難しい。高橋恭平が勧めるのは承認欲求の捨て去り方？

『無理に自分を変えようとするよりも、

「そんな自分を受け入れてもらうにはどうすればいいか？」

——そっちを考えたほうが健康的やで』

無理矢理にでも自分を変えるためには、自分に嘘をつかなくてはならないときもある。嘘をついて心を疲れさせるのなら、ありのままの自分でいたほうが心は健康でいられるはず。

5th Chapter

長尾謙杜

Kento Nagao

長尾謙杜が狙う？ 大河ドラマ主役の座

2023年のNHK大河ドラマ『どうする家康』に、主人公・徳川家康の同母弟、久松源三郎勝俊（後の松平康俊）役で出演している長尾謙杜。

「失礼ながら、よほどの歴史好き、家康好きでなければ、同母弟の久松源三郎勝俊の名前は知らないでしょう。勝俊は家康の母・於大の方が嫁いだ久松俊勝の三男で、この於大の方は3人の男児を産んでいるのですが、家康はその3人を弟として認め、〝松平〟の姓を名乗ることを許しました。その3人が松平康元、松平康俊、松平定勝の同母弟です。後に康俊（久松源三郎勝俊）は家康の命により今川氏真の人質として駿河国に。そして武田信玄が駿河国に侵攻した際、今川家に仕える武将が武田家に寝返るとともに、康俊はその武将につき従って武田家に入ります」（時代考証スタッフ）

そして武田信玄は康俊を甲斐国に送り、自分の監視下に置いた。

「要するに戦国時代にありがちな人質ってことですが、〝康俊が久松源三郎勝俊のままであれば今川氏真も武田信玄も人質にはしなかったのではないか?〟といわれています。康俊は武田信玄の人質となった2年後、家康の手配によって甲斐国から三河国に脱出することに成功します。ドラマでは山田孝之さん演じる服部半蔵が、家康の命を受けて脱出劇を手伝いました」（同時代考証スタッフ）

しかし大雪の山岳部を踏破したため、康俊は両足の指を凍傷で失ってしまう。家康はそんな康俊の幼年時からの忠節を賞し、後に駿河国・久能城の城主に引き立てる。史実ではこのように、幼い頃から家康の命に従う忠義の弟とされているのが久松源三郎勝俊こと松平康俊だ。

だがそんな松平康俊、言ってみれば兄のために辛い思いをさせられる役柄なのだが、当の長尾謙杜は自分が演じた松平康俊についてこう語る――

『きっと子どもの頃から偉大なお兄さんには〝一生勝てない〟とどこかで感じていて、お兄さんのために生きていく決意をしたんじゃないかな?

最初の人質になったのは計算すると11才のときなんですよ。

現代でいえば小学5年生。

そんな子どものときに運命が決まってしまうなんて、俺ならきっと耐えられない』

『……ん？ 確か丈くんって、小2から小3に上がるぐらいに関西ジャニーズJr.に入ったんだよね。今さらやけど、よかったよね～、デビューできて（笑）』

結局、藤原丈一郎をイジりたいがための〝壮大な前フリ〟に思えてきた（笑）。

さて、長尾謙杜が出演する2023年のNHK大河ドラマ『どうする家康』は、言わずと知れた大先輩の松本潤が大河ドラマ初主演を務めている。

『俺が大河ドラマ初出演で、松本潤さんが初主演。何かそのあたりで強い運命の絆を感じてしまうな』

――何やら感慨深げに話す長尾謙杜。

ちなみに松本潤は特別友情出演のような形で2022年の大河ドラマ『鎌倉殿の十三人』最終回に徳川家康役でチラリと出演はしているが、今回の『どうする家康』が、実質的な初出演・初主演のようなものだ。

『それを考えると、松本潤さんはやっぱり偉大で憧れの先輩ですよね。
今回は岡田准一さんも織田信長役で出演されてはって、
岡田さんは黒田官兵衛役で主演もしてはるし、
あと生田斗真さんは去年の『鎌倉殿の13人』にも後半のキーパーソンで出てはったし、
風間俊介さんも『麒麟がくる』に徳川家康役で。
お芝居が上手で憧れの先輩たちは、皆さんもれなく大河ドラマに出てはらへん？
俺も大河ドラマに出演することが一つの夢やったし、自分が描く道を頑張ってきてよかった。
あと、あんまり大きな声では言えへんけど、お母さん役（於大の方）の松嶋菜々子さん、
めっちゃいい匂いがすんねん。
スタジオのロビーとか、30分前に松嶋菜々子さんがいてはった残り香が残ってるぐらい』

――何だか大河ドラマ初出演にしては余裕がありそうにも思えるけど。

『大河ドラマは武士の所作を習う時間があったり、
衣裳やセットを見ても今まで経験したことがないくらい豪華でリアル。
俺が演じた久松源三郎勝俊、松平康俊は割りと早めに画面からサヨナラしてしまうけど、
次は絶対、1年を通して出演できる役を掴んでみせる』

大河ドラマ出演への決意を語る長尾謙杜だけど、どうせなら〝主役を狙う〟ぐらいの意気込みを見せてくれてもいいのでは?

『そんな〝主役〟なんてまだまだ早い。
タイプ的に俺は「徐々に徐々に主役に近づいていったほうがいいかな」……って思ってるね』

……ん? ということはやっぱり狙ってるね、〝主役〟を!

〝徐々に徐々に〟ってことは、今回の大河ドラマ出演で〝主役の座〟に一歩近づいたことは間違いない。

連ドラ出演で得る大きな経験

長尾謙杜は大河ドラマから実質退場するのと入れ替わりで、4月クールのTBS系の火曜ドラマ『王様に捧ぐ薬指』に出演している。

この作品はわたなべ志穂氏による同名コミックが原作のラブコメディ。家族を守るべく結婚を決めた〝ド貧乏シンデレラ〟の主人公・羽田綾華と、業績不振の結婚式場を立て直すため、好きでもない綾華にプロポーズした〝ツンデレ御曹司〟新田東郷との結婚生活がメインに描かれる。

主人公の羽田綾華を橋本環奈が、御曹司の新田東郷を山田涼介が演じ、長尾は綾華の弟で羽田家の長男・羽田陸を。陸は小説家志望の現役大学生で、あけすけな性格と物言いで生意気な面もあるが、実は誰よりも家族想いで、家族を守るために結婚した綾華のことを常に心配しているキャラクター。

さらに妙に勘が鋭い陸は、あることをきっかけに綾華と東郷の新婚生活に疑念と不信感を抱くようになっていく。

共演する山田涼介といえば、みっちーこと道枝駿佑が最も憧れる先輩だ。

『それで今回、みっちーがめちゃめちゃうるさくて（苦笑）。

「山田くんとは1日1分以上の会話は禁止」とか、

「山田くんの名言を聞き漏らさず、すべて自分に報告しろ」とか、

「山田くんとは連絡先の交換NG」とか。

そんなん言われても、とっくに連絡先とか交換してるしな。

何なら山田くんに、

「謙杜、スマホ変えたらすぐに連絡先教えるからな」

――とまで言われてるし（笑）』〈長尾謙杜〉

長尾はHey! Say! JUMPのコンサートにも顔を出しているし、プライベートで食事に行ったこともあるらしい。

ひょっとして道枝よりも山田涼介と親密では（笑）？

『これはあまり言いたくないねんけど、
山田くんのApex Legendsで同じパーティーを組んだこともあるよ。
今は山田くん、最高ランクの〝プレデター〟まで行っちゃってるから俺なんか足手まといやけど、
山田くんのゲーム配信YouTubeチャンネル〝LEOの遊び場【山田涼介】〟も、
チャンネル登録してるし、
そういった意味ではみっちーよりも深い話ができるんちゃう（笑）？
ドラマや映画で共演させていただくのは初めてで、
この作品を機にもっともっと仲を深めていきたい。
……みっちーには悪いけど（笑）』

そう話す長尾が、実は山田との共演よりも楽しみにしているのが〝橋本環奈パイセン〟との共演だったらしい。

『これは松本潤さんに聞いた話なんですけど、
橋本環奈さんって若手女優の中で〝一番男気がある〟人らしいんです。

松本潤さんは橋本環奈さんと何回も飲んだことがあるらしくて、

「アイツはどんだけ飲んでも乱れないし、酔えば酔うほど男らしくなる」んやそうです。

だから俺は〝橋本環奈パイセン〟と密かに呼んでます(笑)。

パイセンと〝飲んでみたい〟とは思ってないけど、その〝男らしい〟姿は見てみたい。

半分は〝怖いもの見たさ〟ですけどね(笑)』

また今回、長尾は若手俳優の坂東龍汰と共演するが、姉・綾華の高校時代の同級生役を演じる坂東は、これまでに映画『弱虫ペダル』で永瀬廉と、映画『ハニーレモンソーダ』でラウールと共演するなど、ジャニーズの若手スターとの相性もいい。そしてニューヨーク生まれの帰国子女で、ニュージーランド留学の経験を持つ国際派だ。

今回のドラマ出演で長尾謙杜が得るものは大きいようだ。

これをきっかけに、役者としてさらに大きく成長していくことだろう。

17年ぶりの復活! 〝ジャニーズ成人式〟

『これは本当、なにわ男子の年上メンバーは誰も経験してこなかったことやからね。

……というか関西ジャニーズJr.は関西ジャニーズJr.でなんかやってたりするん?

やっぱ大阪やし〝いくたまさん(生國魂神社)〟とか〝えべっさん(今宮戎神社)〟とか、〝天満のてんじんさん(大阪天満宮)〟でやってた可能性もあるな』〈長尾謙杜〉

今年2023年1月、ジャニーズ事務所が17年ぶりに復活させた行事が、所属タレントの成人式だ。

「近年は平間寺(川崎大師)に参詣していますが、かつてジャニーズ事務所が六本木や赤坂に所在していた頃には、赤坂の豊川稲荷(豊川稲荷東京別院)を参詣していました。2006年まではジャニーズの先輩アイドルが後見人として立ち会い、ジャニーズの大切な年中行事として行われていました。関西ジャニーズでいえば、関ジャニ∞の大倉忠義くんが1985年組の成人式として山下智久くん、亀梨和也くんらと記念撮影に収まっていたことを覚えています」(ベテラン放送作家)

1985年組の成人式が行われたのは、計算上は2006年、つまり1985年～1986年（早生まれ）世代の成人式が最後だったわけか。

『なにわ男子の大恩人、〝大倉忠義くん以来〟って聞けば、めちゃめちゃ気合いが入りますよね。
ちょっとみっちーと話してたんですけど、
東京Jr.のメンバーの中には〝えっ!? 同い年やったん？〟――ってメンバーもいてたから、
それを知れたのはよかったかも』

――そう話す長尾謙杜だが、〝同期〟に接する感覚と〝同い年〟に接する感覚はずいぶんと違うようだ。


『それは全然違いますね。

みっちーみたいに〝同期で同い年〟が一番楽にフラットに話しできるじゃないですか。

何だかんだいってJr.に入りたての頃は、同期でも年上相手にいきなりタメ口はききにくいし、
同い年でも先輩には敬語になる。

それは当たり前の〝ジャニーズあるある〟ですけど』

さて今回、ジャニーズ成人式を「復活させよう」と声を上げたのは、SexyZoneの菊池風磨だったそうだ。

「風磨くんは発起人でありながら立会人も務めてくれました。ジャニーズ成人式の経験がなかった風磨くんは、数年前から『**後輩のためにも、新たにジャニーズとしての成人式を行って欲しかった。自分は地元の成人式にしか出てないけど、もしジャニーズでも成人式があったら、タレントとして大人の自覚を改めて感じたと思う**』――と、事務所幹部にかけ合っていたそうです。そんな風磨くんの声に押されたのか、ジャニーズ事務所も風磨くんの〝後輩を想う気持ち〟を汲んで、〝成人式を行うことで成長途上にある新成人メンバーが人間的にタレントとしても、さらなる飛躍を遂げてくれたら嬉しい〟と、意見が統一されたのだとか。しかしCDデビューしているメンバーはなにわ男子の長尾謙杜くん、道枝駿佑くんの2人だけ。それでイベントにする意味があるのか、そこは最後まで意見が分かれたようです」（テレビ朝日関係者）

ジャニーズ成人式が行われたのは〝成人の日〟にあたる1月第2月曜日で、今年は1月10日が該当した。

『大倉くんからは、
「デビューしてんのお前らだけか？
ほんならお前らのために復活したようなもんやん」――って、
俺もみっちーもそんなこと思ってもなかったのに、
大倉くんはずっと「スゲえな、お前ら」って勘違いしてたけど（笑）』

ジャニーズ成人式が行われたのは、六本木一丁目の駅からほど近い赤坂氷川神社。

『神様には申し訳ないけど、俺が話を聞いて個人的に興味深かったのは、
ジャニーズ事務所が初めて事務所としてスタートした場所が、
この赤坂氷川神社から歩いて5分ぐらいだってこと。
みっちーも俺もジャニーズ事務所の本社的なところは乃木坂のところと渋谷しか知らないから、
〝マンションの一室からスタートした〟って聞いて、めっちゃ興味が湧いたんですよ。
実際、ジャニーズ事務所は去年の6月で創業60周年やったんですけど、
60年前のビルの一室、今もちゃんと残ってましたからね』

長尾はジャニーズ成人式が終わった後、わざわざそのビルの場所を確認したそうで、『六本木いうても繁華街からはかなり離れてる』ことも『イメージになかった』らしい。

さてそんな復活したばかりのジャニーズ成人式だが、先輩として立ち合ってくれたのは菊池風磨のほかにも国分太一、井ノ原快彦の2人。

長尾謙杜、道枝駿佑とともに参加した〝同い年〟のJr.メンバーには、佐々木大光（7MEN侍）、佐藤龍我（美 少年）、猪狩蒼弥（HiHi Jets）、作間龍斗（HiHi Jets）、安嶋秀生（少年忍者）、内村颯太（少年忍者）、川﨑皇輝（少年忍者）、深田竜生（少年忍者）、小柴陸（関西ジャニーズJr.／AmBitious）らの9名が（※岩﨑大昇（美 少年）は体調不良で欠席）。

ちなみに長尾謙杜と道枝駿佑が着用していた〝袴〟は対外的には「大倉忠義のアドバイス」とされているが、〝アドバイス〟などと軽いものではなく――

『絶対着用命令』

――が出ていたことをつけ加えておこう。

初公開！ 長尾謙杜〝素顔のエピソード〟

「よく大西流星くんが〝あざと可愛い〟〝可愛さレベルはアイドル界の頂点〟、まさに〝ザ・大西プロ〟などと呼ばれていますが、僕は長尾謙杜くんのほうが〝あざとさの長尾プロ〟だと思っていますし、中身は男性アイドルというよりも〝女性アイドル〟に近い。本人は大西くんに遠慮をしてか美容系の話をあまり発信しませんが、女子力もかなり高いですよ。さすがにＳｎｏｗ Ｍａｎの渡辺翔太くんほどではないでしょうが」

長尾謙杜に関してこんな証言をしてくれたのは、なにわ男子をはじめ関西ジャニーズ（Jr.）のメンバーとは深い繋がりがあるカンテレ（関西テレビ）のスタッフで、現在はプロデューサーながらもつき合いはディレクター時代からあると明かすスタッフ氏だ。

「つい最近も、久々にバッタリ会ったのでお茶をしました。そこで嬉しそうに話してくれたのが、『ちょっと正確な発売日は知らんねんけど、近いうちに女性ファッション誌で単独表紙をやるんですよ。今まで男性ファッション誌の単独表紙はあるけど、女性誌は初めて。コンビニ（の雑誌コーナー）で見つけたら（他の雑誌よりも）前に出しといてくださいね』――なんて笑ってました」（関西テレビスタッフ）

それはきっと4月1日に発売された女性ファッション誌〝bis〟5月増刊号の表紙のことだろう。

「長尾くんといえばファンの皆さんのイメージは独特のファッションセンス。なにわ男子コンサートでも衣裳を担当する〝ファッションメンバー〟としての印象が強いと思いますが、実は彼が高校生のときから、めちゃめちゃ爽やかな匂いを振り撒いて歩く〝香水の人〟なんですよね」（同スタッフ）

他のエピソードでもお話ししているが、長尾は松嶋菜々子の〝香り〟を絶賛していたが、長尾を長年知るスタッフに言わせると、

「高校生のときから昔の〝ちょいワルおやじ〟がつけていそうな、南イタリアの柑橘系コロンをつけてましたよ。あまりにもいい匂いがしたときに〝これ、どこの匂い?〟って聞くと、スラスラと〝カル何とか〟ってメーカー名を答え、『やっぱカプリ島の香り、しますか?』――なんて言うんですよ」（同前）

カプリ島とはイタリア半島の南部、地中海のティレニア海に浮かぶ島。いわゆる風光明媚な島で、世界的には〝青の洞窟〟と呼ばれる海中の洞窟が有名だ。

「いくら当時は関西ジャニーズJr.の人気メンバーだったとはいえ、高校生が『爽やかなレモンリーフの香りと新鮮なグリーンティーの香りが弾けて、地中海の開放感に包まれるでしょ?』——なんて説明します? あのときのひと言だけで〝(この子は只者じゃない。隠してるだけ)〟と、ピンと来ましたね(笑)」(同前)

スタッフ氏が〝ピンと来た〟長尾謙杜は、ほどなくしてファッションセンスで頭角を現した。

また「もう一つ覚えているのが……」とスタッフ氏が明かしてくれたのが、道枝駿佑とともに出演した2019年4月クールの土曜ドラマ『俺のスカート、どこ行った?』(日本テレビ系)に出演した際のエピソードだ。

「長尾くんにとってあのドラマが、初めて大阪から東京に上京して、短期とはいえ滞在しながら撮影をしたドラマでした。クランクアップした後、こっちは現場のエピソードが聞きたくて〝どうだった?〟と尋ねたのですが、長尾くんは『東京の芸能人、たいしてオシャレな私服着てへんね。(主演の)古田新太さんの私服は独特で若々しかったけど』——と語ったんです。ドラマ現場のエピソードよりも、出演していた役者さんたちのファッションセンスについてのエピソードが先に出てくる。長尾くんはブレないし、いい意味で〝肝が座っているな〟と感じました」

確かに、まったくブレていない。

「長尾くんは女性ファッション誌の表紙について、何よりも『グループの自分とは〝違う自分〟をアピールできて嬉しい』――と話していました。それを聞いてやはり〝年上の大西流星くんに少し遠慮をしていたのかな?〟と感じ、この際なので思いきって〝グループの中で遠慮していること、あるの?〟と投げかけてみたんです」（同前）

するとと長尾謙杜は――

『なにわ男子は7人で一つだから、具体的に〝何が許されて何を遠慮しなきゃいけない〟……ってことじゃなく、全員がそれぞれ全うすべき立ち位置を持っているという話。でもそれはなにわ男子に限った話ではなく、Aぇ！groupでもLilかんさいでもAmBitiousでも同じこと』

――と答えたという。

大河ドラマ『どうする家康』、連続ドラマ『王様に捧ぐ薬指』に続き、5月には主人公の青年期を演じた映画『岸辺露伴 ルーヴルへ行く』が公開になる長尾謙杜。

〝なにわ男子〟というグループとしても、〝長尾謙杜〟という個人としても、着実に進化しているようだ——。

長尾謙杜 フレーズ

『去年までは他のメンバーの露出や個人仕事が、
羨ましいと思ったこともあるんですけど、
「これからは俺が羨ましがらせたる！」――って決めたら、
しょうもない嫉妬がなくなりました（笑）』

最年少メンバーではあるものの、同期で同学年の道枝駿佑にやや〝遅れがち〟だった長尾謙杜。だが道枝を羨ましく思う必要はない。長尾は長尾の信じた道を進めばよいのだ。

『なにわ男子の7人、それぞれがお互いを必要としている。
困ったときは思いっきりメンバーに頼る』

これはある意味、最年少の特権でもあったかも。しかし実際には、年上組が長尾謙杜に頼る（意見を求める）シーンのほうが多い？

『自分一人しか楽しめない仕事はあまり好きじゃない。
（ファンの）みんなが楽しんでもらえる仕事が一番だから』

どんなときも自分は「ファンのみんなを置いてきぼりにはしない」
長尾謙杜の優しさを象徴する言葉。

『長尾謙杜の逆襲はこれから始まる。
みっちーの隣とかにおったら見た目は普通より小さく見えても、
〝中身はみっちーの何倍もデカい〟——そう思わせてみせる』

まさにこの言葉こそが、長尾謙杜の本音であり、高いモチベーションの源になっているのだ！

6th Chapter

藤原丈一郎

Joichiro Fujiwara

〝役者・藤原丈一郎〟飛躍を期すドラマ出演

『ついにいわゆる〝ゴールデン・プライム帯〟っていわれる、
午後7時から11時までの放送時間でオンエアされるドラマにレギュラー出演や!
これを機に〝藤原丈一郎〟って名前をお茶の間に浸透させる気満々やし、
WBCで大活躍した吉田正尚選手(オリックス→レッドソックス)みたいな、
頼れる役者になるしかないやん!!』〈藤原丈一郎〉

この4月クールからTBS系金曜ドラマ『ペンディングトレイン―8時23分、明日 君と』に米澤大地役で出演している藤原丈一郎。

『いや、別に今まで出演させてもらった作品を軽く見てるんやないよ。
それぞれはちゃんと俺の大切な出演作やし、
今回ゴールデン・プライム帯のドラマに呼んでもらえたのも、今までの下地があったからやもん。
そんなんわかりきってるけど、それはそれとして、
ゴールデン・プライム帯のドラマにレギュラー出演することも、
〝目標〟の一つやったことも間違いない』

ちなみに先ほどから何度も出てくる〝ゴールデン・プライム帯〟とは、午後7時から11時の、最も多くの視聴者を惹きつける放送時間帯のこと。厳密にいえば午後7時から10時をゴールデンタイム、午後7時から11時をプライムタイムと呼び、その総称をゴールデン・プライム帯（午後7時から11時）というのだ。

確かになにわ男子結成以降のドラマ出演を見てみると、深夜ドラマかつ単発出演の『年下彼氏』（ABC／テレビ朝日系）第17話、テレビ東京系ドラマホリック！枠『メンズ校』、日本テレビ系シンドラ枠『消しゴムをくれた女子を好きになった。』、生ドラ！東京は24時枠（SPドラマ）『シンガロング！』など、深夜帯に放送されたドラマ。

『ファンの皆さん、〝せっかく丈くんがドラマ出るのに起きてられへん〟……みたいにならんように、今回の『ペンディングトレイン - 8時23分、明日 君と』は楽しんでもらえるんちゃうかな。残念ながら主演は山田裕貴さんやけど、俺の主演作はもうちょい先のお楽しみってことで』

今回の作品はその独特なタイトルからもおわかりの通り、やや特異な世界観で描かれている。

乗客を乗せて都心に向かって走っていた電車の1両が、突如として未来の荒廃した世界へとワープ。何もかもが遮断された非日常の世界へと放り出された乗客たちが、元の世界に戻るべく奮闘する姿が描かれるのだが、山田裕貴が扮する主人公はカリスマ美容師の萱島直哉。他にも若き消防士・白浜優斗役の赤楚衛二、高校の体育教師・畑野紗枝役の上白石萌歌。そして井之脇海や古川琴音などの出演者の他に、ゲームやイラスト、マンガなどのポップカルチャーを学ぶ専門学校に通う、口達者な関西人・米澤大地役を藤原丈一郎が演じる。

陽気で能天気な大地は、好きなライトノベルやSFマンガの設定を自分たちの状況に当てはめ、ほかの登場人物たちを混乱させる。とはいえそのポジティブで明るい姿は、次第に周囲の心を和ませる〝愛されキャラ〟として認められていく。

『何かはじめは空気が読めない〝うるさいだけのKYキャラ〟に見えるかもしれへんけど、そこはもう少し我慢して見ていって欲しい。

最初に台本をいただいたとき、あまりにも非現実的な展開に「次は何が起こるん?」……と、単純に夢中になってましたね。

せやけどそこには〝当たり前が当たり前じゃなくなる〟恐怖心や人との繋がりなど、改めて考えさせられる深いテーマが潜んでいるんです。

撮影期間中には実力派の共演者の皆さんからたくさん学ばせていただけたし、新たな自信や自分の課題もたくさん見つかった。

大ちゃんとかみっちーが連ドラ出るたびに〝変わったな〟ってずっと感じてきた側やったから、今回は大ちゃんやみっちーに〝丈くん、一回り大きくなったな〟と感じさせたい』

予測不能なストーリー展開や登場人物同士の信頼関係や人間模様などなど、視聴者を夢中にさせること間違いなし!

〝役者・藤原丈一郎〟の飛躍のきっかけとなる作品になってくれそうだ。

道枝駿佑と長尾謙杜にヤキモチ？

『みっちーと謙杜が（2023年）3月からシーブリーズさんのCMに出てるやん？

それはエエねん。アイツらは爽やかやし、爽やかなシーブリーズのイメージにピッタリやん。

俺なんかそろそろ、加齢臭防止スプレーのCMに呼ばれそうやけどな（苦笑）』〈藤原丈一郎〉

加齢臭防止スプレーが販売されているかどうかは知らないけど（苦笑）、なぜか道枝駿佑と長尾謙杜のCM出演について『ひと言言いたい！』風の藤原丈一郎。

『ちょっと俺、2人のシーブリーズさんの記者会見みたいなヤツを見たんやけど、
みっちーと謙杜がWBCについて語ったりしとったワケよ！
しかも東京ラウンドの準々決勝、イタリア戦に向けてエールを送っとったワケ。
それはアカンでしょ』

今やジャニーズ事務所を代表する野球ファン、芸能界を代表するオリックスバファローズファンの藤原丈一郎とは思えない発言ではないか。

道枝と長尾が日本代表を応援して何が『アカン』のか?

しかも道枝駿佑に至っては、その記者会見で『丈くんがWBC(一次リーグ)をよく見ているので、丈くんと一緒にメンバー全員で応援したい!』と、藤原の名前まで挙げてくれていたのに。

『そらそこにおらへん俺の名前を出してくれたのはありがたいよ。

せやけど謙杜は「さっきまでサッカーの試合を見てました」とか言いつつ、「大谷選手が二刀流でやられると思うので、

僕は右手にサッカー、左手に野球の二刀流で見たいです」って、

何やねん、その薄っぺらいミーハーな発言は!

そんなん言わんでエエねん。

みっちーも謙杜も、

「WBC? それはウチの藤原丈一郎の担当なので、彼に聞いてみてください」言うといたら、

取材の人はみんな俺んとこに聞きに来はるがな』

要するにWBCについて応援コメントを求められた道枝駿佑と長尾謙杜に軽いヤキモチを妬いているワケだ（苦笑）。

『いや、俺はそんな強欲な男やないよ。

せやけど中盤戦以降は侍ジャパンの4番バッターを務めた吉田正尚選手は、俺とはプライベートからめっちゃ仲良しなわけで、そんなんちょっと調べれば出てくるやん！

そやのに俺んとこにはほとんど「WBCどうですか？」みたいな話来うへんのに、よりによって大谷選手の二刀流を「自分は野球とサッカーの二刀流で応援します」……なんてコメント出して、

〝上手いこと言えた〟みたいな顔しとる謙杜がフィーチャーされるのは何で？

納得いかへんやろ』

そんなことを言ってないで、むしろ2人が記者会見に臨むのであれば、『きっとWBCのこと聞かれんで』と、事前にレクチャーしてあげればよかったのでは？

『いや、俺は記者会見のこと知らんかったんですよ。

確かに先に知ってたら、

「ヨーロッパは野球強くないけど、イタリアはヨーロッパの中でも躍進してる国やから要注意。何が起こるかわからないのがトーナメントの怖さ。

現にこれはイタリア代表相手ではないけど、2004年のアテネオリンピックでは、メンバーのほとんどがアマチュアのオーストラリア代表に松坂大輔投手がボコボコに打ち込まれて、プロ選手で固めた日本が負けたこともある。

相手がどのチームであれ一戦必勝で臨まなアカンのが国際大会」

――ぐらいのコメントは言わせてましたけどね。

……まあ、初歩の初歩レベルですけど』

初歩の初歩レベルと言いつつも、若干得意げな顔でそうまくし立てた藤原丈一郎。

これはひょっとすると、道枝駿佑も長尾謙杜も、シーブリーズの記者会見が開かれることを藤原丈一郎に〝言わなかった〟ことがファインプレーだったのかも(笑)。

次回ＷＢＣに向けて〝中居正広超え〟の野望

『ＷＢＣのサポーターで中居（正広）さんが普通に元気一杯で登場されて、ホンマにホッとしたし嬉しかったんです。

去年から体調悪いみたいな話、結構いろんなとこで聞いていましたからね。

でもせやからこそ、俺は中居さんを超えるために本腰を入れていかなアカン。

次のＷＢＣは２０２６年、３年後にやるって正式に発表されてるから』

そう語る藤原丈一郎だが、まさか〝中居正広超え〟の野望まで潜んでいたとは。

『いや、〝中居さんを超える〟っていうのは言い方を間違えていて、感覚的には〝超える〟んじゃなく中居さんのやってないこと、

「きっとこれからもそのジャンルには手を伸ばしはらへんやろってトコを狙わなアカン！」

――って意味です。

具体的にいえば、テレビの副音声じゃなく、れっきとした本音声での試合実況。

中居さんもゲストや中継リポーターでは登場しはるけど、試合の実況は局アナの方じゃないですか。

俺はその、中居さんがやらはらない部分で次のＷＢＣに絡みたいんです。

……あっ、そうか。中居さんを超えるんじゃなく、

〝局アナの方を超える〟ってほうがシックリするんかな（笑）』

３年後、次開催のＷＢＣで実況アナウンサーを目指す藤原丈一郎。

「もとはメンバーに〝何をやりたい？〟とアンケートを取ったときの、藤原くん発信の持ち込み企画です。ちょうどＷＢＣが話題になることを見越してオンエアを合わせたのも事実です」

こう証言するのは、なにわ男子のレギュラー番組『まだアプデしてないの？』ディレクター氏だ。

「藤原くんの持ち込み企画『野球実況をしたい』に合わせ、ウチのスポーツ実況アナウンスの第一人者・田畑祐一アナウンサーを講師役に巻き込んで制作しました。その「藤原丈一郎 野球実況への道」企画の最終試験を3月3日のWBC強化試合、侍ジャパン対中日ドラゴンズ戦の実況にあてて盛り上げたんです。藤原くんは最終試験が強化試合と聞いただけでビビってましたけど、さらにトレーニング期間が3週間しかないと明かすと、ほとんどパニックになっていましたね」（テレビ朝日ディレクター）

田畑アナによると、実況力を向上させるトレーニングで最も重要なのは〝即時描写〟という能力らしい。

「試合中は次から次に予測していないプレーが飛び出す。そのためスポーツ実況では試合の流れに応じ、即その場で様子を伝える〝プレーを描写して伝える〟実況能力が必要になるのです。藤原くんは田畑アナについて、その即時描写を磨くトレーニングを受けたのです」（同前）

これはテレビのアナウンサーよりもラジオのアナウンサーがよく用いるトレーニングだが、走行中の電車の車内から窓の外を眺め、目に映るものを瞬時に実況することで即時描写の能力を磨く方法だ。

藤原と田畑アナは実際に電車に乗り込み、まずは田畑アナがお手本を示して藤原も即時描写に挑戦。

「当たり前ですが、その場ですぐに上手く描写できるわけがありません。それでも藤原くんがどのような態度でトレーニングに臨むのか？……そこで彼の〝本気〟を見極めたかったのです」（同前）

実際に番組をご覧になった方はご存じだろうが、藤原は――

『春の風を感じます』

『春の風？ まだ寒いぞ。適当なこと言ってんな』

――などと田畑アナからツッコまれたりダメ出しを受けたりしながらも必死に食らいつき、やがて、

『工事をしております。

今これから何か建つのでしょうか？

大きさはかなり大きく、神宮の室内球技場のように大きかったです』

――などと、野球ネタを織り込む余裕すら見せていた。

『そら今の俺には田畑さんを唸らせるような実況はできへんかったかもしれんけど、
ちゃんと「行きよりも帰りのほうが単語量は増えている」って評価してもらえたし、
「この感覚を忘れないうちに実況練習を（しなさい）」とも言われたんで、
やれることはやったつもり。
テレ朝の屋上でも即時描写のロケをやったしね、夜景を相手に。
俺は負けず嫌いやから、絶対に田畑さんに自分を認めさせたかった。
その気持ちがあれば試合の実況にも繋がるし、
一つ一つのお仕事が自分の糧になる、実になる感覚を今回の企画では学べたね』

こうして持ち前の負けん気の強さと努力でアップデートを果たした藤原丈一郎。

3年後、次開催のWBCで実況アナウンサーを担当する目標が叶えられることを期待しよう。

藤原丈一郎の決意〝新たなジャンルへの挑戦!〟

『今のところ俺のアピールポイントが〝ガチのオリックスバファローズファン〟と〝Jr.在籍最長記録〟だけではまあまあ弱い。
そんでいろいろと考えてみて、
数々の先輩たちでも手をつけてないジャンルのアピールポイントが、
見つかったんですよ!』〈藤原丈一郎〉

関西のマスコミで活躍し、藤原丈一郎ともプライベートでのつき合いがある人気放送作家氏は――

『侍ジャパンが強化試合をしたときに集まった焼肉屋さん、調べてくれません?』

――と藤原から連絡をもらい、さっそく藤原丈一郎とお忍びで訪れたと明かす。

「大阪、上本町にある有名な焼肉屋さんなんですけど、いい肉をリーズナブルな値段で食べられることでも有名で、関西のテレビ界でも知られた店です。丈くんは『めったにそんなことせえへんけど、今回は聖地巡礼したい』――と、一侍《いち》ジャパンファンとして同じ店に行きたいと言ってました。仲のいい吉田選手に連絡すれば一発でわかるのに、そこは『一線を引きたい』と妙なこだわりを持っていました」（人気放送作家）

さて肝心なのは藤原が侍ジャパンファンとして『同じ焼肉屋に行きたい!』と願ったことではなく、その店で放送作家氏と話した内容だ。

冒頭のセリフにもある通り、藤原は『数々の先輩たちでも手をつけてないジャンルのアピールポイントが見つかったんですよ!』と言うのだから。

「確かに丈くんは、昨年の秋頃から『〝藤原丈一郎といえばコレ!〟みたいな強味を持ちたい』――と言って、自分のアピールポイントを模索していました。そこには『(なにわ男子) みんな3年目あたりからは個人の味を出していかなアカンで。俺ら潰れてまうで』――という危機感もあるようです」

放送作家氏によれば、藤原丈一郎は東西ジャニーズ数々の先輩たちの背中を見てきたうえで、真のブレイクや生き残りを成し遂げた先輩たちは『グループの力も強いけど、個人個人の力はもっと強い』と、藤原なりの哲学を見い出しているのだと話してくれた。

そんな藤原が見つけたのは、何と〝脚本家への道〟。

藤原によると――

『舞台の構成や演出はそれぞれのグループで担当する部分が大きい。
せやけどそこで使われる脚本はプロの脚本家の先生の手が入るし、
たとえば俺らでいえば『メンズ校』とか、グループ単位で主演させてもらったドラマの脚本を、
そのグループのメンバーが手掛けた例はない。
というかドラマや映画全般でも、嵐の『ピカンチ』シリーズの原案は井ノ原（快彦）さんやったけど、
脚本はプロの方やったはずで、さすがに才能溢れる先輩方でも、脚本までは書けていない』

――と。

『まずはなにわ男子の主演舞台とかがエエんやけど、俺が脚本を書いて〝パイオニア〟になりたい！』

――と、熱く語っていたという。

『関西ジャニーズJr.時代、
自分自身で〃(もうデビューできへんから諦めるか)〃と思ったことは何度もあるし、
実際、周囲からも言われていた。
せやけどそこで諦めたり投げ出したりしなかったからこそ、今の藤原丈一郎がある。
脚本もきっと〃お前には無理や〃とか〃できるわけない〃って言われると思う。
同じやと思いません?
諦めなかったら、やり遂げることができる』

そう語る藤原丈一郎の真っ直ぐで迷いのない視線に、放送作家氏も最後には「(丈くんならできるかも)」という気になったらしい。

『諦めなかったら、やり遂げることができる』

強い意志のもと、数々の先輩たちでも手をつけてないジャンルへ挑む藤原丈一郎の今後に期待しよう。

藤原丈一郎 フレーズ

『この世界に入った瞬間から、俺の人生の本番は始まっていた。
「CDデビューしてからが本番や!」……とか思ってる子には、
CDデビューのチャンスは来ィへんで』

誰よりも長く(約17年9ヶ月)ジャニーズJr.に在籍していた
藤原丈一郎だからこそ、活動の瞬間瞬間がいかに大切かを説く
言葉には重みがある。

『これは普通に座右の銘に近いんやけど……
「努力で補えないものなんて何もない。
もしあったとしたら、それは俺の努力が足りていないだけ」』

結果を出せるか出せないか、その原因を〝運〟に求めるのは簡単。
しかし〝努力〟に求めれば、藤原丈一郎のようにストイックな
スタンスに辿り着ける。

『何か理由もなくイライラしてしまうときってあるじゃないですか？
……まあ、理由がわかってるときもあるんですけど（笑）。
そんなときは思いっきり「コイツ、一丁前にイライラしとるやんけ！」
――って自分を俯瞰で眺めてみたら、
イライラしている自分が下らなく見えて（イライラが）収まりますよ』

ポジティブな藤原丈一郎らしい気分転換の方法。見習うべき点は多い。

『みんなで助け合って、
そして喜びも悲しみも分かち合うのが、
〝なにわ男子〟っていうグループ』

藤原丈一郎が考える、なにわ男子に何よりも大切なこと。それは助け合い、分かち合う精神だ。

7th Chapter

大橋和也

Kazuya Ohashi

俺ら〝『めざまし』ファミリー〟!?

フジテレビ系『めざましテレビ』といえば、「見たことがない」という方はほとんどいらっしゃらないのではないかと思われるほどの知名度を誇る。1994年(平成6年)4月クールにスタートし、毎週月曜日から金曜日まで生放送されている朝の情報番組(現在の放送時間は5:25 - 8:00)だ。

『それ聞いたらスゴいよね。
だって今年の4月からは丸30年目に入るってことでしょ?
丈くんが1996年生まれで、大ちゃんと俺が1997年生まれ。
なにわ男子のメンバー、みんな『めざましテレビ』より年下(笑)。
そらそんだけ歴史と伝統がある『めざましテレビ』相手やったら、
いつでも魂売ったりますよ!』〈大橋和也〉

……た、魂を売る?

『俺らこの前の3月に4回目の〝なにわ祭り〟をやらせてもらったんですけど、
もう『めざまし』ファミリーとして確固たる地位を築けたんじゃないかなと。
去年から〝サチアレプロジェクト〟で学生さんに密着させてもらったし、
メンバーの誰かがレギュラーに呼ばれてもおかしくない。
俺はちょっと、毎週の早起きは苦手かもしれないけど……(苦笑)』

――そう話す大橋和也。

ちなみに〝なにわ祭り〟とは、生放送がスタートする5：25から番組終了まで、「スポーツ」「エンタメ」「お天気」「キラビト!」「イマドキ」「きょうのわんこ」など、番組内のさまざまなコーナーにメンバーが登場する構成の生放送。さらに夢を追う若者に7人が密着する、オムニバス形式の青春ドキュメンタリー〝サチアレプロジェクト〟も無事に完結編を迎えた。

こちらはなにわ男子の楽曲『サチアレ』が番組テーマ曲に採用された連動企画だった。

なにわ男子ファン〝なにふぁむ〟が出演者に対してヤキモキしてしまうほど熱の入った企画で、大橋和也は――

『俺ら自身はもう青春どうこうの年やないけど、
頑張ってる学生さんたちを応援することで青春の素晴らしさを思い出すことができたし、
ファンの皆さんにもそれぞれの青春を満喫してもらいたいな』

さらに大橋は番組に4度目の登場となった際には――


『なにわ男子『めざましテレビ』に参上、第4弾。

幸せの4（し）として、皆さんの一日を幸せにできるように〝元気溌剌〟を以心伝心します！

はい、朝の情報番組なので四文字熟語を使って賢く見せようとしました』

――などとコメントし、全国ネットの情報番組に出演することが〝嬉しくて仕方がない〟様子だった。

ところがこのときの様子が、地元関西のファンにとっては〝癪に触る〟結果を招いてしまうことに。

「関西の〝朝〟といえば、ABCテレビで生放送されている『おはよう朝日です』なんですよ。こちらは『めざましテレビ』よりも歴史が古く1979年4月クールから44年間も続いている超長寿番組。平日は5：00から8：00、土曜日は6：30から8：00までの生放送で、放送時間も『めざましテレビ』とは丸被り。関西圏の住人にとっては、〝朝〟といえば『めざましテレビ』ではなく、『おはよう朝日です』が常識なんですよ」（関西在住放送作家）

それゆえ、大橋和也が『『めざましテレビ』に魂を売る』などと発言すれば、関西のなにふぁむたちは「大阪を捨てる気か！」「もう東京に染まったのか！」と声を上げることに。

「冷静に考えれば『めざましテレビ』はカンテレで生放送されてますし、関西ローカルの『おはよう朝日です』に出るよりも全国のなにふぁむは喜ぶはずだとわかるのですが……」（同放送作家）

タイミングが悪いことに、今の『おはよう朝日です』には、2020年10月クールからAぇ！group・福本大晴がレギュラー出演しているのだ（月曜日レギュラー）。起用された時点での福本大晴は大阪市立大学（現大阪公立大学）に在学中で、番組が現役の大学生をレギュラーに起用したのは初めて。しかも初出演時点での年齢が20歳354日と、コメンテーター陣の最年少記録を樹立したほど期待されていた。現在、出演から丸2年半が経過しているが、その期待通りにコメンテーターとしても着実に成長している。

そして福本大晴は次のデビューが期待されるAぇ！ｇｒｏｕｐのメンバーであると同時に、なにわ男子のセンター・西畑大吾とは同期入所。それゆえ関西のなにふぁむたちの中には、「大ちゃんと同期の大晴くんがレギュラーで出ている番組の裏番組に魂を売るなんてあり得ない。しかもAぇ！ｇｒｏｕｐとなにわ男子は切磋琢磨し合う関係だったのに‼」などと、少数ながら拒否反応を起こすファンもいたらしい。

「といっても、関西のなにふぁむたちもなにわ男子が全国区になるのは嬉しい。『めざましテレビ』の番組プロデューサーも〝去年の4月から1年間、番組テーマソング『サチアレ』を担当してくれたなにわ男子の皆さんに大型企画『サチアレプロジェクト』を担当してもらえて本当によかった。メンバー7人それぞれが全国の学校に出向き、若者たちと交流し、全力で〝サチ〟を届けてくれました。感謝感謝、大感謝ですよ！〟と、なにわ男子に高い評価を与えてくれているそうです。これは本当に、大橋くんの願いが叶うかもしれませんね。『めざましテレビ』のレギュラーに！」(同前)

さて大橋和也にオファーが舞い込んだとき、彼は〝早起き問題〟にどのように立ち向かうのだろうか(笑)？

大橋和也が見つけた〝行きつけのお店〟

「あまり大きな声では言えませんが、メンバーはもう普通に部屋を借りて生活してるんじゃないですかね。大橋くんがこの前、前室で『家の近くに行きつけの焼き鳥屋さんができた』――と話していたのを偶然耳にしたのですが、まだ大阪市内の実家住まいの場合、わざわざそんな言い方はしないでしょう。確かに去年あたりはメンバー揃ってホテル暮らしをしていたエピソードをメンバーもトークネタにしてはいましたけど、もうCDデビューから丸1年半ぐらい経ちますからね」

テレビ朝日系『まだアプデしてないの?』制作スタッフ氏は、とある収録の合間、大橋和也の会話を偶然耳にしたという。

それによると大橋は、どうやら今住んでいるマンションの近くに、ふらりと一人で立ち寄れる焼き鳥屋さんを見つけた様子。

「店名まではわかりませんが、外見は焼き鳥屋さんではなく和食の名店風で、メニューもコース料理になっているようです」(制作スタッフ)

気になるのは大橋和也が見つけた〝近所の焼き鳥屋さん〟。
引き続き、偶然耳にした情報によると、大橋でさえ飛び込みで入店しようとしても断られるらしく——

『この仕事、何時に終わるかなんて約束はできないじゃないですか？
だからいつも仕事が終わった時点で電話して、入れるようやったら寄っていく』

——そうだ。

「もしそれでそのお店（の予約）が取れなかった場合は、西畑大吾くんに教えてもらったグルメサイトで検索して、やはり予約してから店に寄るようです」（同制作スタッフ）

わざわざグルメサイトで検索するのなら、飛び込みで入れそうな店を選べばいいのに……。

『そんなん、大型店の居酒屋チェーンしか行けなくなるじゃないですか？
ただでさえ関西ジャニーズの間では暗黙の了解で、「鳥貴族だけは気まずいから行かない」——ってのがあって、その時点で選択肢がひとつ減ってるんですから』

ちなみに知らない方はほとんどいらっしゃらないと思うが、居酒屋の鳥貴族は、関ジャニ∞・大倉忠義の実家の家業だ。

「大橋くんによると、昔から吉本のお笑い芸人さんには〝どんな店でもあえて偽名で予約する〟遊びのルールがあるらしく、大橋くんも『**偽名で予約するのが〝関西芸人の証〟みたいに思えて、芸人さんじゃないけど関西ジャニーズJr.の一員として偽名で予約する**』そうです。ハッキリとは言ってませんでしたが、関ジャニ∞かジャニーズWESTか、仲のいい先輩の名字を名乗っているみたいです」(同前)

関ジャニ∞もジャニーズWESTもそこまで珍しい名字を持つメンバーもいないから、店側もまさか大橋和也が偽名で予約を取っているとは気づきもしなかっただろう。

「僕は最初に〝偽名を使う〟と聞いたとき、普通に身バレや顔バレを防ぐためかと思ったんです。しかし大橋くんに言わせると『**まだまだ俺レベルじゃ、そう簡単に顔バレせえへんよ**』とのことでした」(同前)

『この前、行きつけの焼き鳥屋さんに電話したら、

〝他のお客さんと相席になるけど、それでよければＯＫ〟と言われたんです。

これは近い将来、千鳥さんの『相席食堂』に呼ばれるフラグが立ったと思いましたね。

だからなんとなくソワソワして行ってみたら、
８人掛けぐらいのスペースに大学生ぐらいのカップルのお客さんがいて、
そこで相席になったんです。

そうしたら女性のほうに気づかれてしまって。

でも話したら「写真を撮ったりＳＮＳで呟いたり絶対にしません！」ってお客さんだったんですよ。

そこでお店の大将、俺が〝なにわ男子のリーダー〟だってやっと認知してくれた（笑）』

――そんなエピソードを明かした大橋和也。

プライベートの『相席食堂』は、いい相席相手に恵まれたようだ。
また大橋といえば〝料理男子〟としても知られているが、その焼き鳥屋さんではお店の大将が焼き鳥を焼きながら〝塩を振る〟仕草がとてもカッコいいらしく——

『家で肉焼いたりするとき、誰も見てへんのに大将のふりかけ方を真似してる』

——とも話していたとか。
それはきっとこの先いつか、テレビ朝日系『家事ヤロウ!!!』あたりで披露してくれそうだね!

〝キレた〟大橋和也との間に築かれた信頼関係

関西のテレビ界、ラジオ界で活躍する〝元・芸人〟放送作家氏は、大橋和也から――

『今度収録がある番組についてアドバイスが欲しい』

――と連絡があったことを明かしてくれた。

「極楽とんぼ・加藤浩次がMCを務める特番で、タイトルを『この後どうする？ 密着TV 終わりが始まり』（読売テレビ・中京テレビ）という番組です。日本各地のさまざまな熱狂、たとえばつい最近の例でいえば野球のWBCとか、そういう熱狂の瞬間が〝終わった後〟を追跡する番組。今までになかった新たな切り口を感じ、単純に面白そうだな～と思いました」（元芸人・放送作家）

しかし同時に「アドバイスが欲しいなんて珍しいな」「それにそもそも何で大橋くんが呼ばれたの？」と感じたそうだ。

「それはそうですよね。番組内容の説明を聞くと、大橋くんには〝終わった後〟なんてないんですから。でも番組のメインは他にネタが用意されていて、その熱狂がフィナーレを迎えた後から密着取材をするVTR構成だったんです。要するに大橋くんはVTRの感想を喋り、自分のエピソードをチョロっと話す役回り。大橋くん以外にはカンニング竹山、ロッチ中岡という〝東海ローカル番組ご用達〟のお笑い芸人、それに元サッカー日本代表の槙野智章さんがいると聞きました。〝なるほど、槙野さんがサッカーW杯の熱狂を話し、裏話を用意するポジションなんだな、じゃあ大橋くんは単純にVTRを楽しむだけでいいんじゃない？〟と思ったんです。しかし番組側は、大橋くんにも〝何か終わった後のエピソードをお願いします〟と言ってきたそうなんですよ」（同放送作家）

タレントが番組に出演する際にアンケートや取材のやり取りを頻繁に行えないローカル番組では、このようにトークの内容をタレントに丸投げするケースが多い。大橋もこれまでに関西ローカルの番組にいくつも出演して似たような経験をしているので、〝ヒントになれば〟の感覚で、旧知の放送作家氏にアドバイスを求めたのだろう。

「たぶん番組側が大橋くんに喋らせたいのは関西ジャニーズJr.時代のエピソードだと思うので、必要以上に〝盛る〟ことはないけど、約12年のJr.時代を振り返って、下積み時代の苦労や葛藤を話せばいいんじゃない？——と伝えました。後で番組を見たら、大橋くんが真顔で『悔しさはありました』——と語るいいシーンが撮れてましたけど、キレイに収めたくない加藤浩次が『ジュニア時代に作ったギャグを一発やっておこうか』なんて煽るから、大橋くんも『加藤さんがまだ見てないギャグをやります』——なんてスベる結果になってましたけどね。まあ大橋くんの場合、スベるまでが〝1パッケージ〟ですが（苦笑）」（同前）

ところで元芸人の放送作家氏が語る大橋和也のエピソードからは、その裏にある〝二人の信頼関係〟を感じさせてくれるのだが、その信頼関係はどうやって築かれたのだろう。

「俺と大橋くん、最初は大橋くんにキレられたところから仲良くなったんです」

あの笑顔満開・大橋和也が〝キレた〟エピソードなど聞いたことがないが……。

「3～4年前、大橋くんのことを可愛がっている〝とある吉本芸人さん〟と、3人で飲みに行ったときの話です。その席でその芸人さんが俺のことを〝コンビ芸人やってたけど、あまりにも売れないから解散した。コイツはピン芸人でやっていく度胸がないから仕方なく放送作家になった〟と紹介したんですよ」（元芸人・放送作家）

その話に大橋和也が――

『仕方なくなんて、めっちゃ失礼やと思いますけどね！』

――とキレ始めたらしい。

「まとめてお話しすると、大橋くんは『放送作家になることが夢で頑張った人もいるのに、芸人で食えない、ピン芸人でやっていく度胸がない、それなら仕方ないから放送作家にでもなるか……っていうのは失礼すぎる！　放送作家を下に見てる！　人の夢を馬鹿にしてる！　ジャニーズJr.に当てはめてみたら腹が立つ！』――と感じたそうです。もちろん放送作家を下に見ていたつもりはありませんが、あのときの大橋くんのセリフには考えさせられることが多かった」（同放送作家）

こうしてやがて次第に連絡を取り合う仲に。そして今ではアドバイスを求め合う関係になっている。

「素顔の大橋くんは偏見がないフラットな人で、自分の中の正義を貫く人。だから関西のマスコミ人は、みんな彼のデビューを喜び、彼の活躍を願っているんです」（同前）

こうして築かれた二人の信頼関係。

大橋和也が〝キレた〟と聞いて驚いたが、めちゃめちゃイイ話ではないか！

ジャニーズ史上最も偉大なリーダー

「大橋和也くんといえば、ライブの自己紹介などで『どうも〜。プリン食べすぎてお尻プリンプリン！大橋和也です』――などとダジャレを連発する〝スベりキャラ〟〝おふざけキャラ〟ですが、カメラが回っていないところではギャグの一つも飛ばさない真面目な堅物です。そこまで言うと大橋くんに『営業妨害やん』と怒られてしまいそうですが、堅物のくせに必死にスベりキャラを演じているからこそ、リーダーに立候補してもメンバー全員が認めるほど信頼されている。それだけは間違いないですね」

かつて関西ジャニーズJr.時代の大橋和也と「何度も仕事をしたことがある」カンテレ（関西テレビ）ディレクター氏は、

「大橋くんほど本番と打ち合わせの態度が違う子はいません。もちろん〝いい意味〟で、です」

――と、証言してくれた。

「東京のテレビマンは大橋くんのことを〝ハスキーボイスと天真爛漫な笑顔がトレードマーク〟と思っているだけでしょうし、実際に間違いではないんですが、彼の持ち味は堅物といってもいいほどの生真面目さにあるんです。ダジャレキャラ、スベりキャラなどのおふざけキャラは、リーダーとして『〝なにわ男子には変なヤツおるな〜〟と気にしてもらえたら、斬り込み隊長としての役目は果たせる。俺は自分が目立つ、売れたいって気持ちよりも、なにわ男子の名前がメディアにバンバン出てくれたらエエんですよ』――という気持ちでやってること。つまり生真面目なほど〝どうすればなにわ男子の名前が浸透するか〟を考えに考え抜いて、その末に自分のキャラを確立させているんです」（関西テレビディレクター）

リーダーとして〝斬り込み隊長を務める〟とはそういう意味か。

『俺らのグループ名〝なにわ男子〟って聞いたら、
関西以外の皆さんはコテコテの関西人ばかりのグループだと思うじゃないですか？
確かにその通りではあるんですけど、
〝関西人〟って聞いただけで苦手意識を持ってしまう視聴者の方々もいる。
そんな皆さんに心を開いてもらうためにも、
いかにも関西人でありながら「ちょっと気になる子たちやな〜。
あれ？ よく見たらシュッとした可愛い子がいるじゃない」
——って印象が残るように、
俺がおふざけで注目を集めて大ちゃんやみっちーに視聴者さんの視線を誘導する。
〝どうせ関西人〟って色眼鏡をかけんと見て欲しいんです』〈大橋和也〉

いくらスーパーアイドル軍団のジャニーズ事務所でも、ＫｉｎＫｉ Ｋｉｄｓ、関ジャニ∞、ジャニーズＷＥＳＴらはライブやバラエティの〝いかにも関西人〟的な立ち回りをセールスポイントにもしてきた。要するに〝関西人イコール面白い、お笑いができる〟など、関西のお笑い芸人とも互角に渡り合えるほどのスキルを彼らは身につけてきた。

「なにわ男子のデビューが発表された直後、なぜか浮かない表情の大橋くんに声をかけたら、『俺ら、兄さん方（KinKi Kids、関ジャニ∞、ジャニーズWEST）の真似したり同じ路線を歩んだだけじゃ売れませんよ』――と不安そうにこぼしていたんです。その頃、藤原丈一郎くんや西畑大吾くんと毎晩のように〝自分たちが目指すべき路線〟についてミーティングをしていたそうです」（同ディレクター）

彼らはデビューが決まったからといってハシャギまくっていたわけではない。〝デビュー後の路線〟について、デビュー決定時点からすでに考えに考え抜いてきたのだ。

「僕はそのときに大橋くんの話を聞いて、すぐに〝これならなにわ男子は大丈夫だ！〟と感じましたね。Jr.時代から何事も準備万端の大橋くんが、藤原くんや西畑くんと〝とことん話し合っている〟と聞かされたら、関西のテレビマンとして〝ほんなら心配ないな〟と太鼓判を押すしかありませんから」（同前）

ここでディレクター氏が話してくれたのが、Jr.時代の大橋のエピソードだ。

「大阪に〝京橋〟という場所があって、ここは近代的な風景と昭和の香りが混在する街なんですが、そこの駅前から商店街のロケに大橋くんをブッキングしたら、彼は現地集合の2時間前に京橋に現れ、自分の足でひと通り駅前から商店街をチェックしていたんです。『この辺はあまり詳しくないから、先に見ておきたかったんです』――なんて笑顔で話していましたが、いざロケが始まるとすでに大橋くんが訪れると気安く話してくれる店のオバちゃんやオジさんがいる。彼は自分なりの判断でロケがスムーズに進むように〝地ならし〟をしていたんです。さすがにその行動には驚かされましたし、仕事に対しての生真面目さを物語っていますよね」（同前）

また東京のテレビマンたちは〝大橋をどう見ているのか?〟というと、

「トーク番組では積極的にエピソードを披露してくれるし、ロケでは体を張って笑いを取りにいける。毎回爪痕を残してくれるので、計算ができるタレントさんとして使い勝手がめちゃめちゃいい。さらに餃子10人前を完食するなど大食いロケもこなせるので、バラエティ番組に対するスキルにはいつも驚かされる」（人気放送作家）

「現場入りするときはいつも大きな声で『おはようございます!』『よろしくお願いします!』と、頭を深々と下げて出演者やスタッフに丁寧に挨拶をしてくれる。どんなに忙しくても疲れた様子を見せず、笑顔を絶やさない人」（制作会社スタッフ）

――と、東京でも絶賛の嵐。

「堅物で生真面目だからこそ、どんな仕事や相手に対しても〝ポリシーや態度を変えない〟ところが制作サイドからも信頼されている。またメンバーもJr.時代から自費でボイストレーニングやダンスレッスンに通う努力家でストイックな面を見てきている。大橋くんが誰よりも自分に厳しいからこそ、メンバーも彼の意見をストレートに受け入れることができる。適当でいい加減、チャラチャラしてるだけのリーダーなど、あの西畑大吾くんや道枝駿佑くんが信頼するはずありませんからね」（前出ディレクター）

こんなに信頼できるリーダーに率いられているのだから、なにわ男子は大丈夫だ。
もしかすると大橋和也、ジャニーズ史上最も偉大なリーダーになれるかもしれない――。

大橋和也 フレーズ

『よく芸能界の先輩たちに、〝ステージに立ち続けることの大切さ〟を教えてもらうんですけど、それは単に芸能界を辞めないってことだけじゃなく、常に今の自分を更新し続けることに繋がる』

芸能界で成功するには〝諦めずに続けること〟が何よりも大切で、同時にそれは〝今の自分〟を更新することにも繋がる。芸能界だけに限ったことではなく、皆さんの日常にも活かせるアドバイスだ。

『リーダーやからこそ、あえて〝楽観的〟に振る舞っている。

悩んでるメンバーがいたら、

「大丈夫やて。そのうちきっとうまくいくから」

――の言葉を絶対にかける』

ただ楽観的に振る舞うのではなく、リーダーだからこそ〝デンと構える〟態度が安心感を与えてくれる。

『戦隊モノのヒーローみたいなアイドルになりたい。
だってヒーローって、必ずすべてを解決してくれるじゃないですか！』

戦隊モノのイメージカラーはアイドルグループのメンバーカラーにも繋がる。大橋和也のメンバーカラー「緑」は、戦隊モノでいえば「縁の下の力持ち」タイプ？

『俺らはこれからもずっと7人でやっていきたいからこそ、
それぞれが〝楽しい〟と思うことを尊重している。
楽しいには統一された基準なんかないからね』

いくらJr.時代から同じメンバーでやっていても、必ずどこかで意見や意識の食い違いが生まれる。それを避けるためにも、それぞれの〝楽しい〟を尊重したいのだ。メンバーそれぞれがお互いを尊重し合っているからこそ、なにわ男子7人の絆は固く結ばれている——。

エピローグ

3月8日にリリースされた、なにわ男子の4thシングル『Special Kiss』。
高橋恭平が単独初主演した映画『なのに、千輝くんが甘すぎる。』の主題歌であり、カップリング曲にはメンバーが出演するベネッセ進研ゼミのCMソング『青春ラプソディ』も収録され、こちらも大好評だ。

「以前から『**自分が映画やドラマに主演したときは、主題歌をなにわ男子で歌いたい**』と語っていた恭平くんにとっては早くも夢が叶いましたが、カップリング曲の『青春ラプソディ』もシングル表題曲として発売されてもおかしくない、そんな名曲です。青春のほとばしる感情が表現されたアッパーチューンで、『Special Kiss』よりも一足早くMVが公開されていました」

（人気放送作家）

なにわ男子はこの『Special Kiss』でビルボードチャート〝4作連続初週ハーフミリオン（50万枚）〟の記録を達成し、同時に同シングルチャートで初登場1位にも輝いている。

「2023年3月15日に公開されたBillboard JAPAN週間シングル・セールス・チャート〝Top Singles Sales〟によると、なにわ男子『Special Kiss』の売り上げは51万2,690枚。これでデビューシングル『初心LOVE』から4作連続での初週ハーフミリオン、初登場1位を達成しました。事実上King & Princeのラストシングルになりそうな『Life goes on/We are young』にはやや売り上げは及びませんでしたが、昨年(2022年)11月16日に発売された3rdシングル『ハッピーサプライズ』の初週売上51万6,195枚を上回り、当週チャートではNiziUの新曲『Paradise』(当週売り上げ16万8,938枚)にも35万枚以上の差をつける圧勝劇。一週遅れで発売されるSnow Manの新曲『タペストリー/W』との売り上げ争いも見物です」(同人気放送作家)

現在、現役のジャニーズアイドルたちの中でCD売り上げの覇権争いを繰り広げているのは、King & Prince、Snow Man、SixTONES、そしてなにわ男子。

テレビ界では彼らを〝ジャニーズ4強〟と呼んでいるが、半数以上、3人のメンバーが脱退するKing & Princeは、岸優太が退所してからでないと次のCDシングルはリリースできないと考えるのが普通。そうなると必然的に4強から3強へとなにわ男子の立場も変化し、近い将来のデビューが噂されるAぇ! group、HiHi Jetsに〝追いかけられる〟ことになるだろう。

『同期で親友の正門良規がおるから、
Aぇ！groupには一日でも早くデビューして欲しい。
そうなると俺と正門、King＆Princeの永瀬廉と、
めっちゃ優秀な同期やったことが証明される』〈西畑大吾〉

おいおい、確かに2011年4月3日のオーディションから永瀬廉、西畑大吾、正門良規が輩出されてはいるけど、誰か他にも忘れてはいませんか？

『そやね、正門と同じAぇ！groupの福本大晴も同期やった（笑）。
せやけどアイツ、廉と俺をビビってんのかマトモに話したことないわ』〈西畑大吾〉

一日も早く同期の仲間がデビューできるといいね。

『大晴を同期と認めるか認めないかはさておき（笑）、
みんな関西ジャニーズJr.で切磋琢磨して苦労してここまで来たんやから、
最後は同期みんなで心の底から笑い合いたい。
西畑大吾としての〝個人の夢〟は、同期と4人でNHK紅白歌合戦のステージに立つこと。
ついでに言えば、俺が白組の司会をやっとったらサイコー！』〈西畑大吾〉

その夢が叶ったら本当にサイコーだね。
……いや、絶対に叶えよう！
これからもポジティブに、そして切磋琢磨しながら前へ進もう！

〔著 者〕 **御陵 誠**（みささぎ まこと）

京都の有名私立大学を卒業後、アメリカ・ロサンゼルスでショービジネスを学んで帰国。某グループ系アイドルの企画プロモーションを担当した経緯から、民放キー局や大手広告代理店の帰国子女社員と親しい。また独自の感性に芸能人のファンも多い。芸能界、音楽業界、テレビ業界とも太いパイプを持ち、アイドル・タレント・アーティストなどと直接交流も持つ。多彩な経歴を活かし、ショービジネス業界に携わるとともにビジネス誌、芸能誌などへの執筆活動も展開している。

主な著書に、『なにわ男子～7人のキセキ☆彡』『なにわ LOVE☆なにわ男子』『わちゃわちゃ☆なにわ男子』（太陽出版）がある。

なにわ男子 ～なにわのキズナ～

2023年4月22日　第1刷発行

著　者…………… 御陵　誠

発行者…………… 籠宮啓輔

発行所…………… 太陽出版
〒113-0033　東京都文京区本郷3-43-8-101
電話03-3814-0471／FAX03-3814-2366
http://www.taiyoshuppan.net/

デザイン・装丁 … 宮島和幸（KM Factory）

印刷・製本……… 株式会社シナノパブリッシングプレス

ISBN978-4-86723-129-6

~なにわのキズナ~
なにわ男子

◆既刊紹介◆

Snow Man
—俺たちの今、未来—

池松 紳一郎［著］ ¥1,400円+税

『たとえどんなに苦しいこと、辛いこと、悲しいことがあっても、
ステージの上では常に100%の笑顔でいること。
それがアイドルとしての俺たちの義務』
〈岩本照〉

『俺の核には"Snow Man"があるから、
どんな仕事や場面でもへこたれない』
〈目黒蓮〉

メンバー自身が語る"メッセージ"
側近スタッフが明かす"知られざるエピソード"から綴る
Snow Manの今、そして未来——
Snow Manの"素顔"が満載!!

キンプリの"今""これから"
—真実のKing & Prince—

谷川勇樹［著］ ¥1,400円+税

『自分の決断や行動、したことに後悔はしない。
しようと思ってしなかったこと、できなかったことは後悔するけど』
〈平野紫耀〉

『これから先、俺は俺の選んだ道の上で
新しい人生や運命に出会うかもしれない。
少なくともそう信じてる』〈岸優太〉

『"勝てないなら走り出さない"
——そういう選択肢は俺にはなかった』〈神宮寺勇太〉

~メンバー自身の「本音」&側近スタッフが教える「真相」の数々を独占収録!!
"真実のKing & Prince"がここに!!~

◆ 既刊紹介 ◆

なにわ男子
7人のキセキ☆彡

御陵誠［著］　¥1,400円+税

『“奇跡”って自分が起こすから楽しいんやん。
待ってるだけでも何も起こらへんしな』〈藤原丈一郎〉

なにわ男子7人が起こす“キセキ”☆彡
なにわ男子の素顔のエピソード&メッセージ満載！
まるごと1冊☆“なにわ男子”に完全密着!!

【主な収録エピソード】
・“だいれんコンビ”でつけた西畑大吾の自信と将来への決意
・西畑大吾めっちゃドキドキの“生まれて初めての体験”
・大西流星に起きた“不吉な前兆”!?
・大西流星の“仮面を取る”と実は……？
・道枝駿佑“ちょっとアブナイ（？）”初めての体験
・道枝駿佑の“メンタル”を変えてくれた言葉
・YouTube 撮影で怒られた高橋恭平の言い訳
・高橋恭平の“素材で勝負！”宣言
・長尾謙杜が自慢したくなる“何物にも代えられない経験”
・“オシャレ番長”長尾謙杜の突き詰めていきたい道
・長男と末っ子が繰り広げる“丈長コンビワールド”
・藤原丈一郎がメンバー7人で考える“新しいチャレンジ”
・大橋和也はどう見ても“絵心ない芸人”？
・主演ドラマで“大人になった”はっすん

太陽出版
〒113-0033
東京都文京区本郷3-43-8-101
TEL 03-3814-0471
FAX 03-3814-2366
http://www.taiyoshuppan.net/

◎お申し込みは……
お近くの書店にお申し込み下さい。
直送をご希望の場合は、直接小社宛にお申し込み下さい。
ＦＡＸまたはホームページでもお受けします。